Brigitte Manns · Musik gehört zu meinem Leben

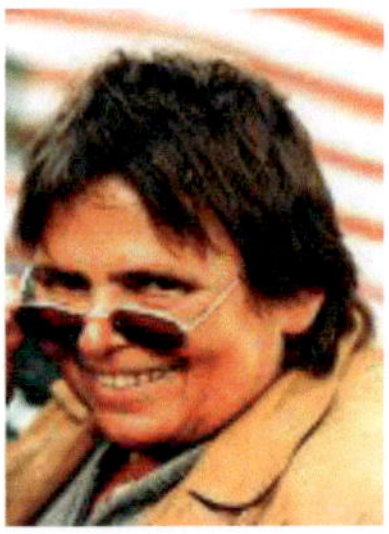

Brigitte Manns wurde 1942 in Wuppertal-Barmen geboren. Ihre musikalischen Talente waren schon in frühester Jugend erkennbar, sie waren ausschlaggebend für ihren beruflichen Werdegang. 1958 nahm sie mit dem Akkordeon an einem Musikwettbewerb im »Haus der Jugend« teil und gewann den ersten Preis. Dem folgte das Spielen in verschiedenen Akkordeon-Orchestern, einschließlich Soloparts.

Von 1960 bis 1968 studierte sie Gesang, besuchte die Opernschule, konzertierte in Wuppertal und einmal sogar in Paris. Anschließend absolvierte sie am Bergischen Konservatorium / Musikhochschule ein Musikstudium in den Fächern Rhythmik, Klavier und Blockflöte. Nach bestandenem Examen nahm sie 1972 ihre erste hauptamtliche Tätigkeit als Musiklehrerin an der Rheinischen Musikschule Düsseldorf auf. Von 1974 bis 2000 arbeitete sie hauptamtlich als Musiklehrerin an der Bergischen Musikschule Wuppertal. Von 1977 bis 1992 war sie ehrenamtlich die este Vorsitzende des Deutschen Tonkünstlerverbandes, Bezirksverband Wuppertal.

Nach dem berufsbegleitenden Fortbildungslehrgang »Instrumentalspiel mit Behinderten an Musikschulen« unterrichtete sie viele Behinderte im Instrumentalunterricht, geistig behinderte Jugendliche und Erwachsene, Lernbehinderte und psychisch kranke Erwachsene. 1991 gründete und leitete sie, im Rahmen der Bergischen Musikschule, das Musikensemble die »Regenbogenmusikanten«, in dem geistig behinderte und nicht behinderte Jugendliche und Erwachsene gemeinsam musizierten.

Seit dem Beginn ihres Vorruhestandes, im Jahre 2000, führte sie ehrenamtlich das Ensemble weiter. Die umfangreiche Suche nach einer professionellen Nachfolge blieb erfolglos. Aus diesem Grunde musste sie das Musikensemble mit Behinderten 2006 leider auflösen.

Brigitte Manns

Musik gehört zu meinem Leben

Erlebnisse, Erfahrungen und kritische Betrachtungen einer Musiklehrerin für Behinderte und Nichtbehinderte

Geschichte:erlebt
Edition der Erinnerungen

Bibliografische Information der Deutschen Nationalbibliothek
Die Deutsche Nationalbibliothek verzeichnet diese Publikation in der Deutschen Nationalbibliografie; detaillierte bibliografische Daten sind im Internet über http://dnb.d-nb.de abrufbar.

Originalausgabe
2010

Edition der Erinnerungen
im NordPark Verlag, Wuppertal
Titelbild nach einem Aquarell von Brigitte Manns
Illustrationen und Verse von Brigitte Manns
Gesetzt in der Minion
Herstellung: Books on Demand GmbH, Norderstedt
Printed in Germany
ISBN 978-3-935421-66-9

NordPark Verlag · Klingelholl 53 · D-42281 Wuppertal
www.nordpark-verlag.de

Das Buch wurde gefördert durch die Stadsparkasse Wuppertal
und das Kulturbüro der Stadt Wuppertal

Inhalt

Vorwort

I Erlebnisse 11
In der Kindheit
In der Jugend
Als Erwachsene

II Erfahrungen 53
Gesang
Atmung
Rhythmik

III Unterricht in der Musikschule 71
Welche Bedeutung hat Musik in der Erziehung
Rhythmisch-musikalische Erziehung
Akkordeon, Klavier, Blockflöte

IV Musiktherapeutische Überlegungen 106
Das Ohr
Musik macht gesund
Angewandte Musiktherapie
Welche Musik wann?
Musik für jeden Anlass
Zu laute Musik kann auch schaden
Magnetoenzephalographie ortet Hirnaktivität
Musik und Mathematik

V Instrumentalspiel mit Behinderten 118
Unterricht in der Schule für Lernbehinderte/Musikschule
Musikpsychologische Überlegungen zum Instrumentalspiel mit Behinderten

VI Kritische Betrachtungen 169

VII Resonanzen 187

Meinen Eltern als Dank

Laura und Wilhelm Manns

»Musik allein ist die Weltsprache
und braucht nicht übersetzt zu werden«
(Berthold Auerbach)

Vorwort

Ein Leben ohne Musik ist für mich unvorstellbar; sie hat mein ganzes Leben bestimmt und geprägt.

In vielen Gesprächen erzählte ich Freunden und Bekannten von meinem sehr bewegten und abwechslungsreichen musikalischen Werdegang, von der Kindheit an bis zum Studium und während meiner langjährigen Tätigkeit als Musiklehrerin.

Im Verlauf der Unterhaltungen ermutigten sie mich immer wieder, ein Buch zu schreiben, das war wirklich »Neuland« für mich, aber dann stand mein Entschluss fest, ich wollte es wagen und mich dieser neuen Herausforderung stellen.

Zunächst möchte ich meinen Eltern danken, die immer Verständnis für meine Ideen bzw. Unternehmungen hatten und mich nach ihren finanziellen Möglichkeiten unterstützten, die sehr begrenzt waren. Da mein Vater schon 1975 verstarb, stand mir meine Mutter immer in allen Lebensfragen zur Seite, ganz besonders in beruflicher Hinsicht gab sie mir sehr oft einen guten Rat, aus dem ich immer Mut und Kraft schöpfte. So kann ich sagen, dass sie einen großen Anteil an meinen beruflichen Erfolgen hat.

In den vielen Jahren begegneten mir bedeutende und wertvolle Menschen, die meinen Lebensweg mitbestimmten, auch ihnen gilt mein Dank!

Ich schreibe, um mich zu erklären. Auf diesem Wege habe ich die Möglichkeit, mich mit den vielen positiven aber auch negativen Erfahrungen auseinanderzusetzen und um sie zu verarbeiten. Wut und Enttäuschungen muss ich mir von der Seele schreiben, damit ich wieder »durchatmen« kann. Trotzdem werde ich mich bemühen, immer die Sache in den Vordergrund zu stellen. Besonders möchte ich Kolleginnen und Kollegen ansprechen.

Ich denke, dass meine Erfahrungen, Erlebnisse und kritische Betrachtungen, zum Nachdenken und Überdenken anregen, dass jeder Parallelen zu sich selber findet, die hoffentlich zu Selbsterkenntnissen, konstruktiven Denkungsweisen und Diskussionen führen

Das Besondere ist, dass der Themenbereich sehr vielfältig und in einem Buch zusammengefasst ist.

Diese Quelle von Informationen kann eine Bereicherung für jeden Menschen sein, nicht nur für Musiker, sondern ebenfalls für Künstler aller Richtungen, Pädagogen allgemein und Therapeuten. Vielleicht gelingt es mir ebenso, die Aufmerksamkeit von Eltern und Schülern auf dieses Buch zu lenken, um das Interesse für die Musik zu wecken, da ich weiß, welchen positiven Einfluss insbesondere die Musik auf die Entwicklung geistiger und psychischer Kräfte hat, dass sie vielfach die schöpferische Phantasie anregen und ein ungeahntes kreatives Potential entwickeln kann.

Diese Entwicklungsmöglichkeiten sind bedeutsam für jeden erwachsenen Menschen, jeden Alters, insbesondere für Kinder und Jugendliche. Eltern sollten versuchen, ihre Kinder an die Musik heranzuführen und sie ihnen nicht vorenthalten.

Ich habe nicht die Absicht, mich mit diesem Buch zu profilieren, auch habe ich keine kommerziellen Ziele, sondern durch die Vielfalt meines musikalischen Werdeganges, habe ich umfangreiche Kenntnisse und Erfahrungen erworben, die ich als wertfreie Informationen anbieten möchte.

»Ein Mensch ist immer die Summe seiner Erfahrungen!«

Ich fühle mich verpflichtet, mein Wissen weiterzugeben.

Brigitte Manns

Erlebnisse

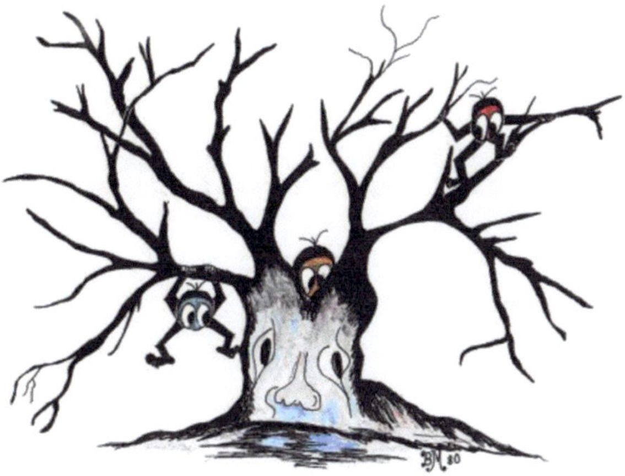

Was krabbelt da in meinem Geäste,
das ist mir gar nicht recht,
es sind ungeladene Gäste,
sie machen jeden Spaß zum Feste,
mir ist übel, mir ist schlecht.

K i n d h e i t

Nachdem die Ehe meiner Eltern acht Jahre kinderlos blieb, sollte der Kinderwunsch doch noch in Erfüllung gehen.

In den turbulenten Zeiten der Kriegsjahre kam ich am 5. April1942 unter dramatischen Umständen auf die Welt; es war der erste Ostertag.

Während der Geburt hatte ich zweimal die Nabelschnur um den Hals, so dass ich keinen Laut von mir gab. Nach verzweifelten Belebungsversuchen der Hebamme, schrie ich, im warsten Sinne des Wortes, um mein Leben.

Heute ist mir klar, dass durch die verspätete Sauerstoffzufuhr zum Gehirn, die Wahrscheinlichkeit sehr groß war, mit einer Behinderung leben zu müssen. Jedoch das Schicksal wollte es anders. Sicher hatte ich einen Schutzengel, der mir zur Seite stand und mich in die Welt hinausschubste.

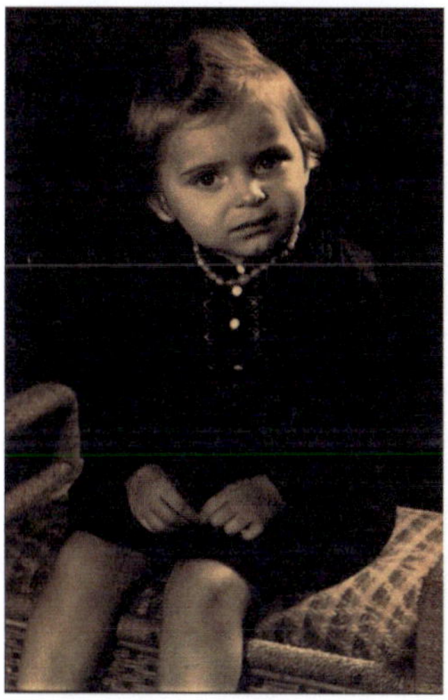

Die Kriegsjahre waren von Hunger und Ängsten begleitet, verbunden mit ständigen Kämpfen zum Überleben. Mein Vater jedoch sorgte immer sehr gut für seine Familie, so hatte er ständig, wie mir meine Mutter sagte, eine Lebensmittelkarte für Kinder in seiner Tasche.

Wie deutlich auf dem Foto zu erkennen ist, ging es mir sehr gut. Als ich zwei Jahre alt war (sh. Foto) musste meine Mutter eines Tages zum Arzt, sie hatte Probleme mit dem Magen. Sie setzte mich in einen offenen Kinderwagen (damals genannt Sportwagen) und nahm mich mit.

Es war der Tag des Luftangriffs auf Wuppertal-Oberbarmen am 11. November l944.

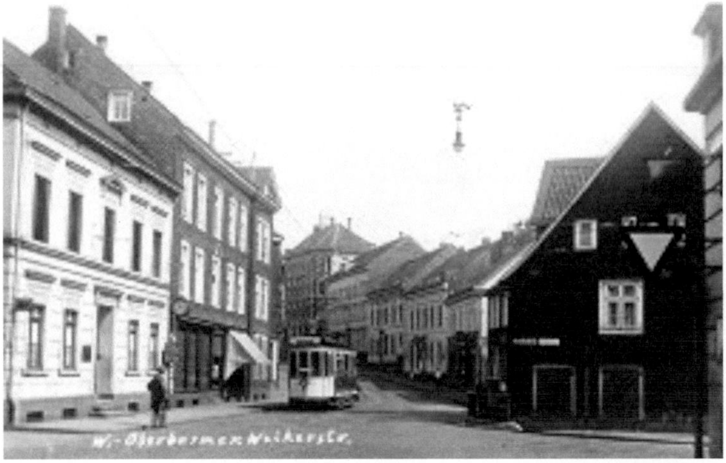

Weiherstraße vor dem Tagesangriff 1944

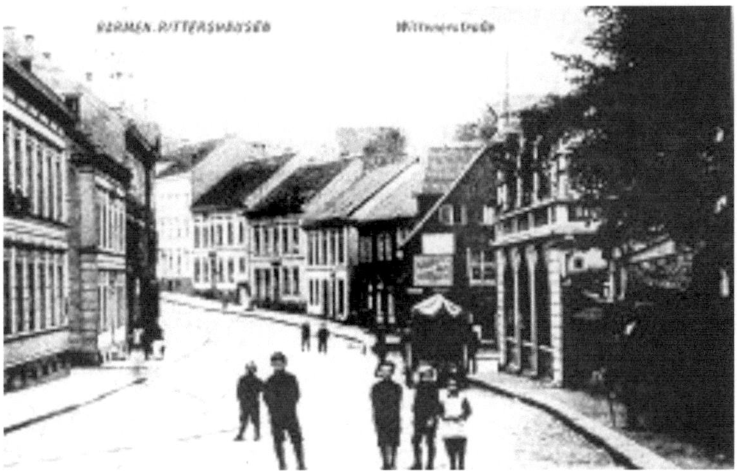

Beckacker um 1910; das erste Haus auf der linken Seite, ist das Haus des Arztes, welches während des Tagesangriffs einen Volltreffer bekommen hatte.

Der Arzt konnte meine Mutter nicht mehr behandeln, da inzwischen die Flugzeugverbände von Dortmund nach Wuppertal zurückkamen, um Oberbarmen zu bombardieren. Auf den Rat des Arztes hin, ging es unter Vollalarm im Laufschritt in den nächsten Bunker, der Gottseidank nicht weit entfernt war. Nach Entwarnung des Angriffs und somit nach Verlassen des Bunkers, wurde uns ein schockierender Anblick geboten, lt. Erzählungen meiner Mutter. Der Kinderwagen, den wir vorher nicht in den Bunker mitnehmen durften, war vollkommen zerstört, in ihm lag ein großer Felsblock. Der Bunker hatte nach zwei Volltreffern standgehalten. Die gesamte Häuserfront der gegenüberliegenden Straße brannte und das Haus des Arztes, in dem wir uns vor dem Angriff aufhielten, hatte ebenso einen Volltreffer abbekommen und existierte nicht mehr.

Obwohl ich erst zwei Jahre alt war, erinnere ich mich noch sehr gut an das Flammenmeer. Es wird für mich immer ein unvergessenes schreckliches Erlebnis bleiben. Auch werde ich nicht vergessen, als meine Großmutter in den Bunker kam und ich ihren Namen rief. Sie hatte uns gesucht und ihre Haare standen von dem Luftdruck berghoch.

Der Arzt und einige zurückgebliebene Patienten kamen in dieser Stunde ums Leben.

Der Schutzengel nahm dieses Mal uns beide an die Hand und ließ uns am weiteren Leben teilnehmen.

»Es ist sicher eine schöne Sache,
aus gutem Haus zu sein,
aber der Verdienst gebührt den Vorfahren.«
(Plutarch)

Vermutlich waren mir schon musikalische und pädagogische Veranlagungen mit in die Wiege gelegt worden, die mitbestimmend für meinen späteren beruflichen Werdegang waren.

Mein Vater sang 15 Jahre lang in dem Männerchor des CVJM Beckacker (Wuppertal-Nächstebreck) den 2. Bass, ebenso sangen seine Geschwister in verschiedenen Chören. Sie hatten gelegentlich solistische Auftritte in der Immanuelskirche, auch ohne stimmliche Ausbildung.

Meine Großeltern mütterlicherseits pflegten ebenfalls den Chorgesang. Eine

Cousine meines Vaters stellte in den späteren Jahren mit Stolz fest, dass ich die 24. Lehrerin in der Familie bin; ihre Tochter war ebenfalls Lehrerin und ihr Sohn hatte promoviert und war Professor an der Uni in Wuppertal, mit einem Lehrstuhl für Mathematik und Physik. Kurz nach meinem Musiklehrerexamen sind wir uns einmal begegnet, als ich an der damaligen PH einen Lehrauftrag für Rhythmik hatte.

Schon sehr früh war ich von Musik umgeben. Fast jeden Sonntag wurde der Morgen mit gemeinsam gesungenen Volksliedern meiner Eltern eingestimmt, während der Vorbereitungen zum Mittagessen. Weitere musikalische Eindrücke wurden mir über das Radio vermittelt, andere Medien kannten wir nicht; Konzertbesuche waren ganz selten.

Als ich acht oder neun Jahre alt war, bekam ich meine erste Mundharmonika, auf der ich mit Begeisterung »Die Fischerin vom Bodensee« spielte. Solche Lieder entsprachen, u.a., dem musikalischen Geschmack dieser Zeit und waren für dieses Instrument besonders geeignet.

Erst mit 10 Jahren konnte ich mir von meinen Eltern ein Akkordeon wünschen und mit dem Privat-Unterricht beginnen. Musikschulen gab es damals noch nicht. Wieso mein Interesse besonders für dieses Instrument geweckt wurde, kann ich heute nicht mehr sagen.

Nach ca. 6 Jahren spielte ich nacheinander in zwei Wuppertaler Akkordeonorchestern; die auszuführenden Soloparts waren überwiegend mir vorbehalten. Außerhalb der vielen Konzertveranstaltungen der Akkordeonorchester erinnere ich mich sehr gerne an einen besonders amüsanten solistischen Auftritt. Eingeladen hatte der EV. Männer- und Jungmänner-Verein Beckacker e.V., zum Jugendfest am 25.4.1959. Ich spielte in dem Sketch »Der stumme Musikant» den stummen Musikanten.

Hier ein kurzer Ausschnitt:

Ort der Handlung war eine Wachtmeisterstube irgendwo auf dem Lande um die Jahrhundertwende.

»Der angetrunkene und stumme Musikant schwankte hin und her; konnte sich kaum auf den Beinen halten; sein einziger Besitz war sein Akkordeon, mit dem er spielenderweise alle lästigen Fragen des Polizisten beantwortete«.

Wie z.B.:

Frage: »*Wo kommen Sie her?* »
Antwort: »*Ich bin ein Musikante und komm aus Schwabenland* »
Fr.: »*Was war Ihr Vater von Beruf?* »
A.: »*Mein Vater war ein Wandersmann* »
Fr.: »*Was denken Sie eigentlich wo Sie sind ?* »
A.: »*Die Gedanken sind frei* »
Fr.: »*Was machen Sie den ganzen Tag ?* »
A.: »*Bald gras ich am Neckar, bald gras ich am Rhein*«
Fr.: »*Wenn Sie herumgammeln verdienen Sie kein Geld ! ?* »
A.: »*Was frag ich viel nach Geld und Gut, wenn ich zufrieden bin*»
u.s.w.

Da der Polizist nicht so recht wusste, wie er ihn bestrafen sollte, entließ er ihn mit den Worten:

»Verschwinden Sie und lassen Sie sich nicht mehr blicken.»

Der stumme Musikant verabschiedete sich sehr höflich, verbeugte sich tief, zog seinen Hut und spielte zum Abschied:

»Muß i denn zum Städtele hinaus » .

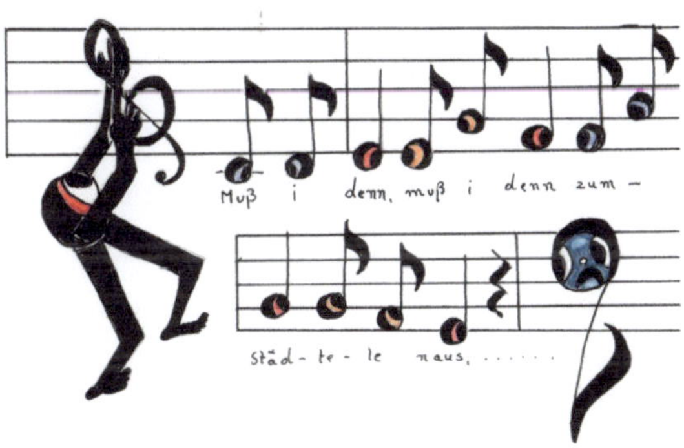

Dieser Sketch war mit einem Preisraten für die Jugend verbunden. Meine Rolle spielte ich wahrscheinlich sehr überzeugend, da ich anschließend von einigen Leuten gefragt wurde, ob ich ein Mädchen oder Junge sei.

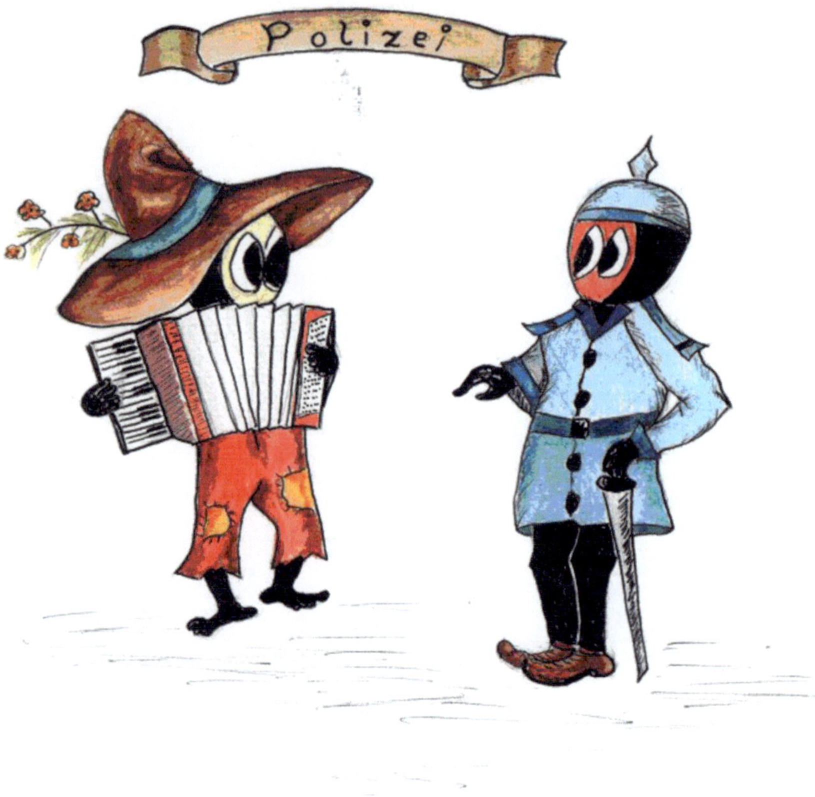

»Verschwinden Sie und lassen Sie sich nicht mehr blicken!«

Ev. Männer- und Jungmänner-Verein Beckacker e. V.

Einladung zum Jugendfest

am Samstag, dem 25. April 1959
18 Uhr im Gemeindehaus,
Samoastraße

veranstaltet von der Jugend und Jungschar des Vereins

Vortragsfolge

1. Begrüßung
2. Klaviervortrag
3. Sketsch „Der stumme Musikant"
   (Preisraten für Jugendliche
4. Turnerische Darbietungen
5. Akkordeonvortrag

   Pause

6. Die Jugend singt
7. Wuppke läßt sich fotografieren
8. Akkordeonvortrag
9. Die Notbremse
10. Ausklang

Ev. Männer- u. Jungmänner-Verein
Beckacker e. V.

Eintrittskarte zum Jugendfest

am Samstag, dem 25. April 1959

Mitwirkende

Brigitte Manns Akkordeon
Jugend und Jungschar des Vereins

Einlaß 17 Uhr Beginn 18 Uhr

Erwachsene DM 1.–

Jugend

In den schweren Zeiten des Wiederaufbaues, nach dem 2. Weltkrieg, war man bemüht, neue Motivationen zu finden, um das musikalische Interesse der Jugend wieder zu wecken und zu fördern.

Diese Bemühungen waren innerhalb eines musikalischen Wettbewerbes erkennbar, der im Rahmen der 8. Wuppertaler Jugendwoche im neuen »Haus der Jugend«, am 25. Juni 1958, unter Leitung des Landesjugendpfarrers Pastor Posth und unter dem Auge der Fernsehkamera stattfand.

Junge, kommende, angehende, übermorgige und hoffnungsvolle Künstler und –innen, Instrumentalisten und Sänger, waren für den musikalischen Wettbewerb gesucht. Es galt nur eine Bedingung, die Auftretenden durften keine »Profis« sein.

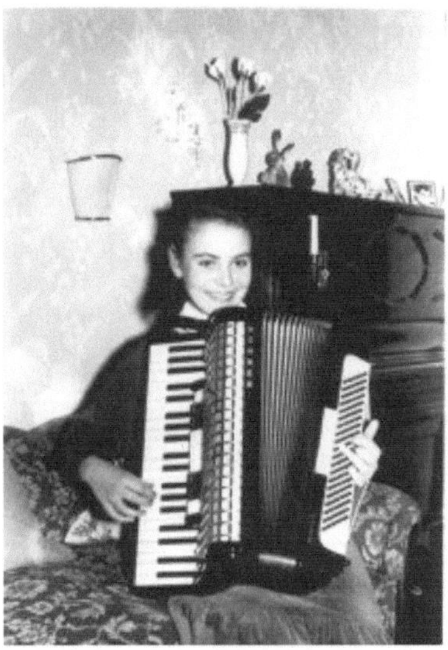

Ein interessantes Streiflicht auf ein Stück Wuppertaler Kulturgeschichte!

Klampfe, Gitarre, Rumbakugel, Akkordeon »Schnauzhobel« (sprich Mundharmonika) wurden bis an die maximale Belastungsgrenze strapaziert.

Es war wie Pastor Posth sagte, ein »Querschnitt durchs Gelände«, so der damalige Presseberich t.

Der Festsaal war überfüllt das Haus vibrierte in seinen Grundfesten, wenn der orkanartige Beifall losbrach. Die Jury hatte es schwer, je mäßiger die Leistung, desto stürmischer der Applaus. Jedoch das sachverständige Preisgericht legte andere Maßstäbe an.

Auch ich wagte es, mit meinem Akkordeon an diesem Wettbewerb teilzunehmen. Als ich 12 Jahre alt war, (s. Foto), bekam ich von meinen Eltern ein größeres Instrument mit 120 Bässen.

Zu den weiteren Bewerbern gehörten drei Primaner, die mit ihren Gitarren, Rumbakugeln und Stimmen, im amerikanischen Slang, »Pedro aus Caracas« und »Down by the riverside« vortrugen.

Sie erhielten den 3. Preis!

Zwei Mädchen, zusammen 36 Jahre alt, die den 2. Preis einheimsten, überraschten die Zuhörer mit einer mustergültig vorgetragenen Klavier-Sonatine zu vier Händen.

Meine Knie zitterten, ich hatte Herzklopfen bis zum Hals und konnte es nicht glauben, als Pastor Posth verkündete, dass ich die Preisträgerin war, die den 1. Preis errang.

Ich spielte »Russisch« v. Knümann; jeder Akkordeonist weiß, dass dieses Vortragsstück, von der musikalischen Gestaltung und von dem technischen Schwierigkeitsgrad aus betrachtet, große Anforderungen an den Spieler stellt.

In dem Pressebericht hieß es:

> *»…die Preisträgerin, die den 1. Preis errang, war die 16jährige Brigitte Manns. 120 Bässe hatte ihr Akkordeon, dem sie sauber und gekonnt russische Melodien entlockte. Nach der Preisverkündung hatte Brigitte Gelegenheit, sich innerhalb von fünf Minuten schlüssig zu werden, was sie mit dem Geldpreis in Höhe von 100 DM anfangen wollte. ›Ich wünsche mir eine Gitarre‹, sagte sie und erhielt Beifall für die Absicht, auf einem weiteren Instrument zu lernen.«*

Doch weit gefehlt – Gitarrenunterricht wollte ich nicht. Mein sehnlichster Wunsch war, Sängerin zu werden, und dazu sollte die Gitarre verhelfen. Näheres hierzu später.

Am nächsten Tag erhielten wir, die Preisträger, in den Zoo-Gaststätten, beim »Geselligen Abend« unsere Preise. Es wurde getanzt! Landesjugendpfarrer Pastor Posth beendete den Abend mit den einfühlenden Worten: »Schön habt ihr getanzt« und ließ ihn mit einem Abendlied ausklingen.

Die zusammenhängenden Erlebnisse fordern an dieser Stelle einen großen Sprung in die Zukunft, bis in die Zeit meiner Unterrichtstätigkeit als Musiklehrerin oder besser gesagt, es folgt ein kurzer Rückblick in die jüngste Vergangenheit.

1994 bekam ich zwei neue Klavierschülerinnen, Diana und Elena Posth. Zunächst sagte mir der Name Posth nicht viel, aber dann erinnerte ich mich, dass so der Landesjugendpfarrer hieß, der 1958 den musikalischen Wettbewerb, im Rahmen der 8. Wuppertaler Jugendwoche, leitete, an dem ich mit meinem Akkordeon teilnahm. Ein Pfarrer mit großem Engagement und sehr viel Verständnis für die Jugend.

Nach einem kurzen informativen Gespräch mit beiden Mädchen, stellten wir gemeinsam mit Erstaunen fest, dass dieser Pfarrer ihr Großvater und leider inzwischen verstorben war. Seinen Enkelkindern durfte ich jetzt Klavierunterricht erteilen und sie auf ihrem musikalischen Weg begleiten.

Schade, dass er dieses Zusammentreffen nicht mehr miterleben konnte, er wäre sicher sehr erfreut gewesen. Für mich war es eine wertvolle und unvergessene Begegnung. Noch vor ihrem Abitur beendete Diana den Klavierunterricht; Elena war bis zu meinem Ausscheiden aus der Musikschule, April 2000, meine Klavierschülerin.

Wie schon erwähnt, der Gedanke, Sängerin zu werden, geisterte noch immer in meinem Hinterkopf.

Schon als Kind (Schülerin), äußerte ich den Wunsch, Musik zu studieren, diesen musste ich jedoch zunächst vergessen. Meine Eltern konnten mir, aus finanziellen Gründen, ein weiterführendes Gymnasium, zum damaligen Zeitpunkt, nicht ermöglichen. So suchten wir später nach einer Alternative, die für mich eigentlich keine war, um einen Beruf zu erlernen. Ich besuchte 1 Jahr eine Privat-Handelsschule und konnte mich so auf einen kaufm. Beruf vorbereiten. Anschließend absolvierte ich eine dreijährige kaufm. Lehre und war einige Jahre in diesem Beruf tätig.

Erwachsen

Eines Tages wurde ich auf eine Anzeige in der Wuppertaler Zeitung aufmerksam:

Ohne zu überlegen, rief ich dort an und bekam sofort einen Vorstellungstermin. Die Haustür in der Werderstraße öffnete sich, vor mir stand eine resolute ältere Dame, sie nahm mich mit in ihre Wohnung. In ihrem Wohnzimmer standen, u.a., ein großer Flügel und ein Sofa, auf welches ich mich nach ihrer freundlichen Aufforderung setzte.

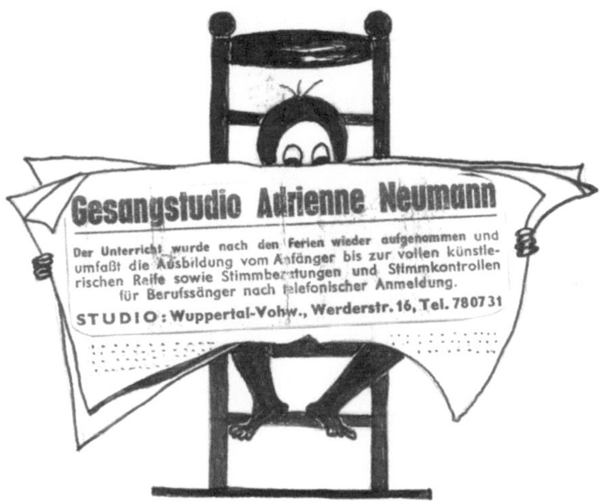

Sie bat mich, etwas vorzusingen, jedoch ohne Gitarre traute ich mich nicht; einige Gitarrengriffe hatte ich inzwischen gelernt.

Mit eiligen Schritten holte sie von Nachbarn die von mir gewünschte Gitarre, und so sang ich mit sehr viel Mut die populärsten Schlager dieser Zeit, wie z.B.:

»Tomatos, Tomatos, zwei Pesetas jedes Pfund …«
»Weiß wie Schnee war ihr Kleid …«

Wahrscheinlich überzeugte ich Frau Prof. Neumann mit meinem jugendlichen Temperament und meiner Natürlichkeit. Während meines gesanglichen Vortrages kam ebenfalls ihr Mann hinzu und beide lauschten voller Spannung. In der darauffolgenden Woche konnte ich mit meiner ersten Gesangstunde beginnen, im Alter von 18 Jahren.

In dieser ersten Gesangstunde bat mich Frau Prof. Neumann, mich auf das mir schon bekannte Sofa zu legen. Ich war fürchterlich aufgeregt und stellte die überflüssige Frage, ob ich meine Schuhe ausziehen sollte, sie antwortete mir, es wäre wohl besser so. Auch wagte ich nicht zu fragen, warum und weshalb ich dieses tun sollte. Es war für mich eine sehr ungewöhnliche Situation, die unheimlichsten Gedanken spukten durch meinen Kopf. Bald registrierte ich, dass sie nur meine Atmung überprüfen wollte und alles ganz harmlos war.

Mein nachfolgender Gesanglehrer bestätigte mir später, dass diese Art der Überprüfung vollkommen unsinnig ist, und ich weiß auch jetzt aus eigener Erfahrung, dass es andere, angenehmere und sinnvollere Methoden gibt, um die Funktion der Zwerchfellatmung zu überprüfen.

Die wunderschönen Stimmen der anderen Gesangschüler, sie hatten schon einige Jahre Unterricht, begeisterten und motivierten mich sehr, sie ermutigten mich immer wieder, meine Gesangstunden konsequent und regelmäßig zu besuchen. Das Akkordeon hatte inzwischen für mich keine Bedeutung mehr, wie eine »heiße Kortoffel« ließ ich es fallen. Zwei verschiedene Welten waren in meinem Inneren entstanden, die sich, wie es zu nächst schien, nicht mehr miteinander vereinbaren ließen.

Zwischenzeitlich war es erforderlich geworden, mich einer sehr unangenehmen Nasenoperation zu unterziehen; die Nasenscheidewand musste gerichtet werden. Die näselnde Aussprache war nicht zu überhören. Die Fortsetzung des Gesangunterrichtes wäre unmöglich gewesen.

Mit einem Blumenstrauß und guten Empfehlungen von Frau Prof. Neumann, ging ich zu einem Wuppertaler HNO-Arzt, ehemaliger Militärarzt, den Frau Neumann sehr gut kannte, die Operation wurde ambulant durchgeführt. Es war ein schreckliches Erlebnis, fast wie eine Folter, nicht zu empfehlen. Wenn eine OP in diesem Bereich unumgänglich ist, dann nur unter Vollnarkose.

Nach drei Jahren Gesangunterricht (1963) bekam ich mit zwei weiteren Gesangschülern, Wilfried (Bariton), Gerd (Tenor), meine Stimme hatte sich zu einem lyrischen Sopran entwickelt, vom Richard-Wagner-Verband e.V., Ortsverband Wuppertal, ein Stipendium für den Besuch der Bayreuther Festspiele, mit dem Programm »Der Ring des Nibelungen«.

Da ich in den 37 Jahren die Programmhefte, Eintrittskarten und die vorausgegangene Korrespondenz, für die Genehmigung des Stipendiums, sehr sorgfältig aufbewahrt habe, ist es mir heute möglich, den genauen Verlauf des Bayreuth-Besuches zurückzuverfolgen.

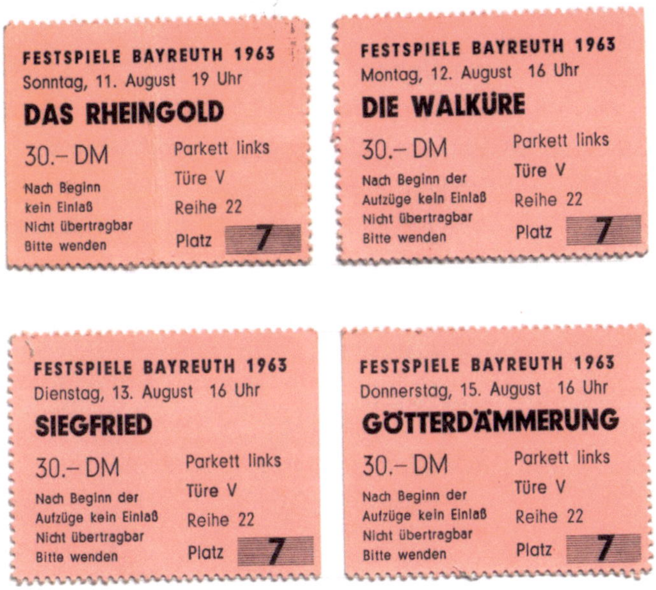

In dem Stipendium waren enthalten 4 Eintrittskarten im Wert von je DM 30, Unterkunft im Städtischen Jugendheim, Verpflegung und Reisekostenzuschuss.

Seit einem Jahr besaß ich einen Führerschein und ein eigenes Auto. Selbstverständlich fuhr ich mit meinem Wagen und nahm Wilfried mit. Auf Wunsch von Frau Neumann sollte er mich zu den Festspielen begleiten. Jedoch in Bayreuth begab er sich auf »Freiersfüße«, obwohl seine Frau ihr erstes Baby erwartete; so musste ich leider auf seine Begleitung verzichten. An dem spielfreien Tag, zwischen Siegried und Götterdämmerung, beobachtete ich ihn zufällig während meines Spazierganges durch Bayreuth, er stand engumschlungen mit seiner »Angebeteten« in einem seitlich gelegenen Gartenweg. Das Mädchen war ebenfalls eine Gesang-Stipendiatin aus einer anderen Stadt. Sie erlebte am Ende der Festspiele eine bittere Enttäuschung.

Hierzu kann ich nur sagen:

> *»E sempre bene il sospettare un poco in questo mondo«. Es ist immer gut, in dieser Welt, ein wenig Verdacht zu hegen!* (Cosi fan tutte)

Besonders in dieser Situation, wären Bedenken der jungen Sängerin angebracht gewesen, denn Wilfried war ein sehr gut aussehender junger Mann und man konnte vermuten, dass er hier nicht seiner ersten großen Liebe begegnete; seinen Ehering hatte er natürlich vom Finger gezogen.

Gerd war mit seiner Verlobten angereist, sie wohnten in einem Nachbarort. Seine Verlobte hatte zu den Festspielen keinen Zutritt, so erklärte sich Gerd sofort bereit, mich zu den Aufführungen zu begleiten.

Er eröffnete mir, dass er seine Verlobung in dieser Woche noch auflösen wollte. Diese Tatsache war zwar sehr interessant, aber für mich ohne Bedeutung. Mein Thema wäre sicherlich verfehlt, an dieser Stelle über die Sinnesänderungen bzw. Seelenwanderungen von Männern, insbesondere dieser beiden, zu philosophieren.

Nun zu den Festspielen; hier der Verlauf der Festspielwoche:

So. 11.8.1963	V***orabend***
	»Das Rheingold«
Mo. 12.8.	***1. Tag***
	»Die Walküre«
Di. 13.8.	***2. Tag***
	»Siegfried«
Mi. 14.8	S***pielfreier Tag***
Do. 15.8.	***3. Tag***
	»Götterdämmerung«

Spielplan – »Das Rheingold«

Die Rollen waren mit folgenden Sängern besetzt:

Götter

Wotan	Theo Adam
Donner	Marcel Cordes
Froh	Horst Wilhelm
Loge	Ken Neate

Göttinnen

Frika	Grace Hoffmann
Freia	Jutta Meyfarth
Erda	Margarete Bence

Nibelungen

Alberich	Otakar Kraus
Mime	Erich Klaus

Riesen

Fasolt	Franz Crass
Fafner	Peter Roth-Ehrang

Rheintöchter

Woglinde	Barbara Holt
Wellgunde	Elisabeth Schwarzenberg
Flosshilde	Sieglinde Wagner

Nibelungen

Musikalische Leitung:	Rudolf Kempe
Regie und Inszenierung:	Wolfgang Wagner

DER BEGINN DER AUFFÜHRUNG WIRD 15 MINUTEN VORHER MIT EINER FANFARE, MINUTEN VORHER MIT ZWEI UND 5 MINUTEN VORHER MIT DREI FANFAREN ANGEKÜNDIGT

BEGINN 19 UHR – ENDE GEGEN 21.30 UHR

NACH BEGINN DER AUFFÜHRUNG KEIN EINLASS

Weitere Darsteller in den Hauptpartien der nachfolgenden Aufführungen:

Siegfried	Hans Hopf
Gunther	Marcel Cordes
Hagen	Gottlob Frick
Brünhilde	Astrid Varney

Die Bayreuther Festspiele dieses Sommers 1963, standen im Zeichen des 150. Geburtstages von

Richard Wagner.

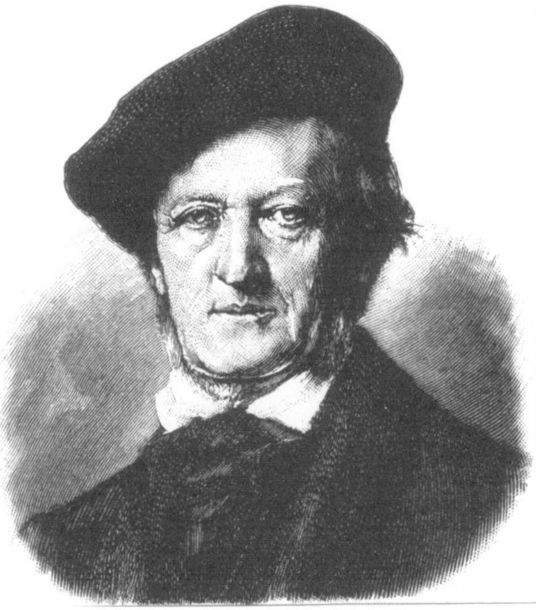

»Ich glaube an Gott, Mozart und Beethoven«
(Richard Wagner)

Richard Wagner, geb. am 22.5.1813, in Leipzig, gest. am 13.2.1883 in Venedig, ein bedeutender Künstler, eine Persönlichkeit der Musikgeschichte, Kunst und Literatur, ein großer Repräsentant des 19 Jahrhunderts. 1864 ruft ihn König Ludwig II von Bayern nach München. Mit seiner Hilfe und mit Geldern aus öffentlichen Sammlungen, kann er den Bau des Festspielhauses in Bayreuth (1872 - 1876) verwirklichen, hier finden seine Werke den von ihm erwünschten Rahmen.

1876 erklingt in Bayreuth zum erstenmal das Bühnenfestspiel »Der Ring des Nibelungen«.

Hier ein Auszug eines Heftes »Bayreuther Festspiele 1963« zum Wagner-Jahr, herausgegeben von der Philips Ton Gesellschaft MBH:

»In seinen Erinnerungen an Bayreuth schreibt 1876 Peter Tschaikowsky:

> *»Sicher ist, dass sich in Bayreuth etwas vollzogen hat, woran sich noch unsere Enkel und Urenkel erinnern werden«*

Wie sehr der russische Meister recht hatte, konnte er damals nicht ahnen. Als sich am 29. Juli 1951 der Vorhang im Festspielhaus auf dem grünen Hügel wieder hob, begann die Ära der Wagner-Enkel Wieland und Wolfgang. Ihre Wagner-Renaissance, fern jeder romantischen Rückerinnerung, war eine künstlerische Neubesinnung, die einen verwandelten, völlig modernen Aufführungsstil nach sich zog.

Wagners Musikdramen erfahren szenisch eine Transzendierung, die dem ideellen Gehalt der Werke erstmalig in vollem Umfang gerecht wird.

Der dramaturgische Symbolismus, durch Beleuchtungseffekte und wenige treffende Requisiten wirksam unterstützt, lässt der tonsymbolischen Aussage der Musik die Konzeption von Bühnenbild und dramatischer Handlung kongenial entsprechen.

Im Mittelpunkt der neuen Operndarbietung aber steht der Mensch, der Singschauspieler, in dessen musikdramatischer Gestaltungskunst das Wollen Richard Wagners am reinsten zum Ausdruck kommt«

> *»Hier schließ' ich ein Geheimnis ein,*
> *Da ruh' es viele hundert Jahr:*
> *Solange es verwahrt der Stein,*
> *Macht es der Welt sich offenbar«.*

Worte der Urkunde im Grundstein des Festspielhauses.
(Richard Wagner)

Erben, keine Muttersöhne

Bayreuth: Vor 50 Jahren, am 29. Juli 1951, wurden die Richard-Wagner-Festspiele wiedereröffnet.

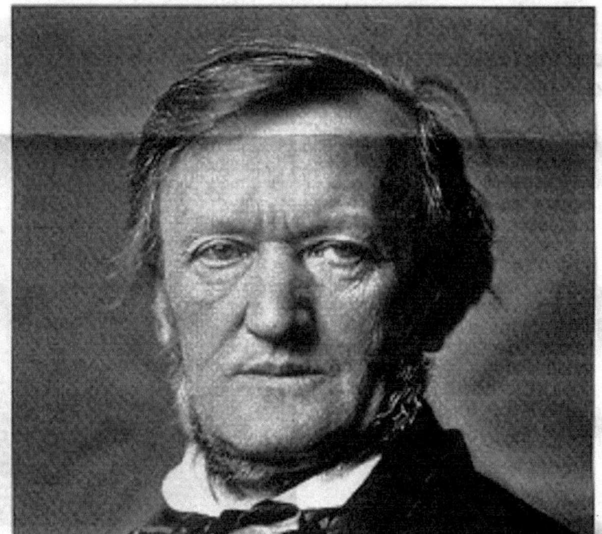

Im Bann des Meisters: Richard Wagner Foto: AKG

Bayreuth (AP/AW). Kaiserwetter herrschte. Der 29. Juli 1951 war ein schöner Sommertag, als nach einer Zwangspause zwei junge Männer das Vermächtnis ihres Großvaters heim in das Haus holten, das 75 Jahre zuvor eingeweiht worden war. Wieland (34) und Wolfgang Wagner (31) gaben der von der Humanität durch die Barbarei gegangenen Kultur-Nation ihre legendäre und umstrittenste Weihestätte zurück.

Doch die demokratischen Nachfolger der Monarchie, weder Bundeskanzler Adenauer noch Bundespräsident Heuss, gaben sich die Ehre. Aber den Nachkommen des Komponisten bedeutete es fast mehr, dass die alliierten Oberkommissare an der feierlichen Eröffnung der ersten Nachkriegsfestspiele teilnahmen.

Der Amerikaner McCloy, der Brite Kirkpatrick und der im Cadillac vorfahrende Franzose Francois-Poncet hörten zu, als Wilhelm Furtwängler den Taktstock hob für Beethovens „Neunte". Der Rundfunk übertrug das Konzert, auch nach Österreich, Frankreich und Schweden. Nach dem Schlusschor mit Schillers „Ode an die Freude" jubelten die 1500 Besucher, von denen sich einige wohl ungläubig umschauten: dort, wo Adolf Hitler bis zum letzten Besuch 1940, er galt der „Götterdämmerung", gern weilte und freudig begrüßt wurde. Von seiner aus England stammenden Seelenfreundin Winifred.

Die Witwe des Wagner-Sohns Siegfried und Mutter Wielands und Wolfgangs hatte abdanken müssen, um die Fortsetzung der Festspiele zur ermöglichen. Die Söhne, einst vom Diktator getätschelt, waren unbelastet. Wolfgang hat das in seinen Memoiren auf die ihm eigene kernige Art bekräftigt: „Mein Bruder und ich hatten zum Glück ebenso wenig Veranlassung, in Sack und Asche zu gehen, dazu war unsere Vergangenheit zu kurz und zu wenig bedeutend."

Der praktisch veranlagte Wolfgang, mit 81 Jahren noch immer auf dem Posten, hatte mit dem 1966 gestorbenen genialischen Wieland hart darum gerungen, finanzielle, politische und künstlerische Voraussetzungen des Neubeginns zu schaffen. Mit einem Etat von knapp 1,5 Millionen Mark sowie den Dirigenten Knappertsbusch und Karajan gelang es, 1951 zwei „Ring"-Zyklen sowie je fünf Aufführungen von „Parsifal" und „Meistersinger" auf die Bühne zu bringen.

Im Weihetempel tat sich von nun an Revolutionäres. Abkehr von ominöser „Werktreue", die sich vor allem als germanische Folklore verstand; Wandel von der Thing- und Kultstätte eines starren Traditionalismus, Historismus und Nationalismus zur „Werkstatt" Bayreuth und einem offenen Kunstwerk: zu Experiment und Purismus, zur Neudeutung, kühnen Leere und geistigen Fülle. Wieland entschlackte die Szene und ließ wenig mehr als Licht und eine Bühnen-Scheibe zu. Zumindest anfangs als Provokation empfundene Aufführungen wie 1972 Götz Friedrichs „Tannhäuser", natürlich 1976 Chéreaus/Boulez' „Ring" oder Heiner Müllers „Tristan" wiesen den Weg, den Wolfgang selbst mit anlegte und den der alte Gralshüter nun wieder dabei ist, flach einzuebnen.

WZ, 28. Juli 2001

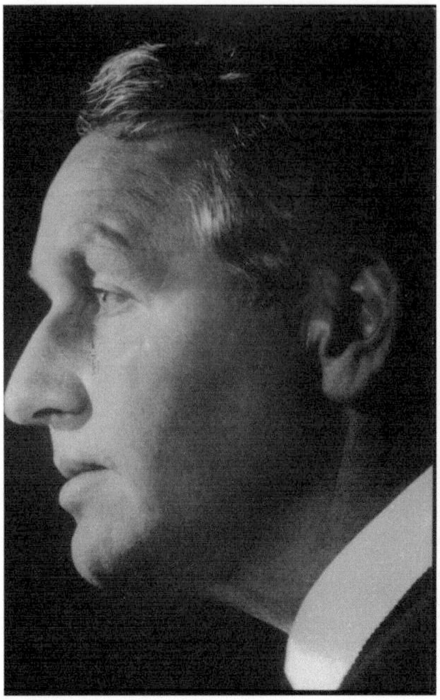
Wieland Wagner (Bayreuth 1963)

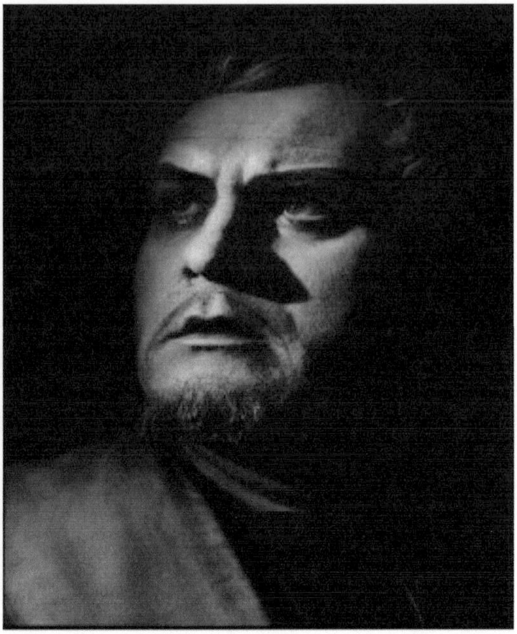
Marcel Cordes »Gunter« (Bayreuth 1963)

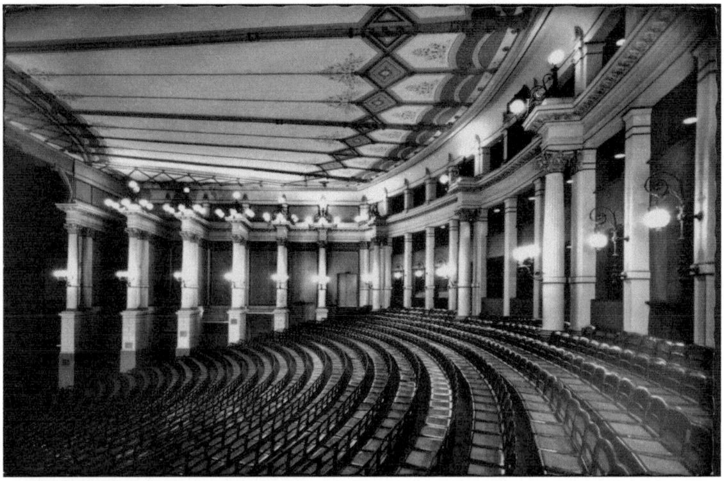
Festspielhaus (Bayreuth 1963)

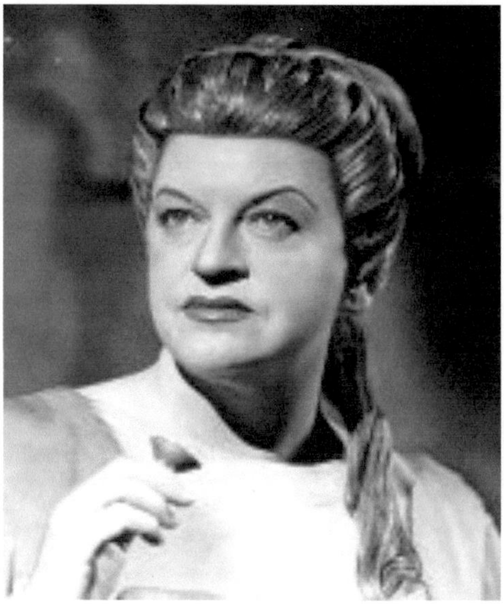

Astrid Varnay »Brünhilde« (Bayreuth 1963)

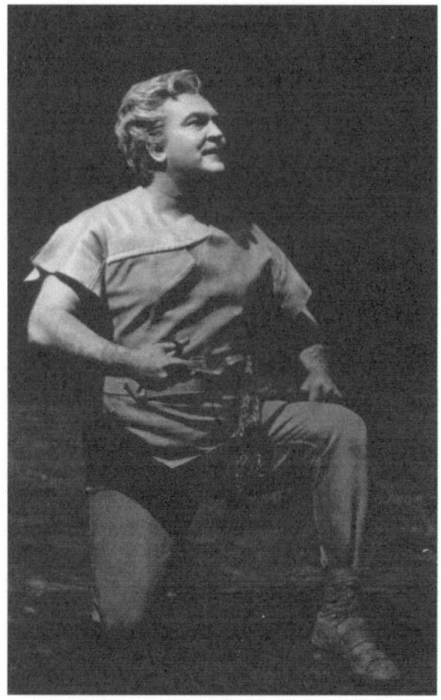

Hans Hopf »Siegfried« (Bayreuth 1963)

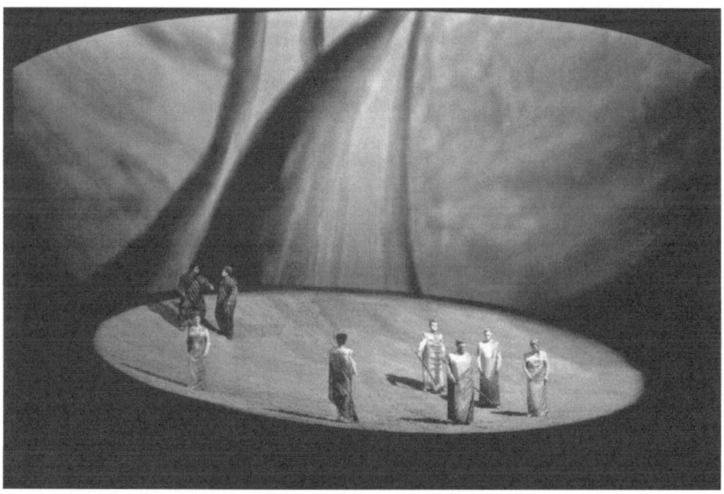

Rheingold 2. Bild (Bühnenbild: Wolfgang Wagner)

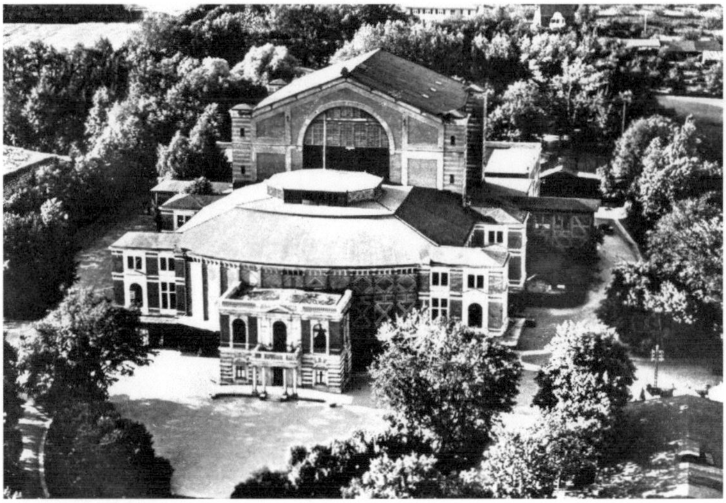

Bayreuth: Richard-Wagner-Festspielhaus

Das Festspielhaus besitzt eine einmalige Akustik. Während einer Besichtigung des Hauses wurde uns erklärt, dass der Versuch, eine neue und bequemere Bestuhlung einzubauen, scheiterte. Die Akustik hätte nicht erhalten werden können.

Um mich auf das große Opernwerk von Richard Wagner vorzubereiten, las ich vorher zuhause die Textbücher zu den einzelnen 4 Werken.

Ein einziger Satz ist mir heute in Erinnerung geblieben. Im »Rheingold« verkündet eine der Rheintöchter, Wellgunde, dem Nibelungen Alberich:

> *»Der Welt Erbe gewänne zu eigen, wer aus dem Rheingold schüfe den Ring, der maßlose Macht ihm verlieh«*

Während der Festspiele veranstaltete der Richard Wagner Verband Bayreuth, an jedem Aufführungstag, vormittags, Einführungsvorträge, die von Prof. Maximilian Kojetinski, Graz und Musikkritiker Erich Rapp, Bayreuth, gehalten wurden. Sie waren für das Verstehen der Handlungsweisen und musikalische Motive, in den einzelnen Aufführungen, sehr hilfreich.

Die am Flügel dargestellten und analysierten musikalischen Elemente bzw. Leitmotive, verdeutlichten sehr genau die einzelnen Auftritte der Sänger in ihren Rollen, mit denen innere und äußere Geschehnisse der Handlung symbolisiert werden.

Zum Beispiel:

Im »Rheingold« verlangen die Riesen von Wotan, Freia als Lohn für den Bau der Götterburg. Zum Gesang der Riesen ertönt ihr Leitmotiv. Loge kommt hinzu, mit seinem Motiv. Er erzählt von den Rheintöchtern, vom Rheingold, von Alberich. Im Orchester erklingen dazu jeweils die entsprechende Leitmotiv.

Für mich war und bleibt der Besuch der Bayreuther Festspiele, die Gelegenheit bekommen zu haben, den gesamten »Ring des Nibelungen« zu sehen und zu hören, ein unvergessenes und beeindruckendes Erlebnis.

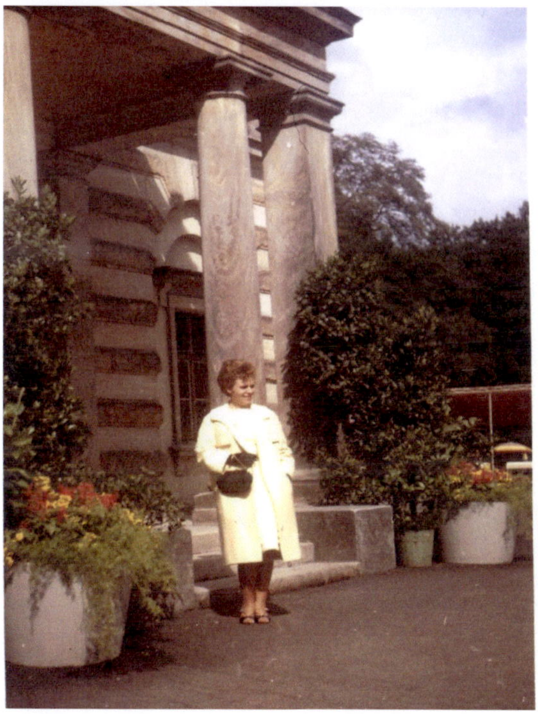

Bayreuth 1963 Vor dem Festspielhaus

Am Morgen der Abreise, stand Wilfried mit einem sehr schlechten Gewissen an meinem Wagen und war dankbar, ein Butterbrot und einen Becher Kaffee von mir zu bekommen. Ohne Kommentar, nach dem Motto:

»Nichts gehört, gesehen und gewusst zu haben«, nahm ich ihn selbstverständlich wieder mit zurück nach Wuppertal.

Nach der OP entwickelte sich meine Stimme zu einem lyrischen Sopran, der sich durch ein sehr schönes Timbre und eine gute Tragfähigkeit auszeichnete. Frau Prof. Neumann versicherte mir, eine große »Röhre« zu bekommen, der Stimmumfang war allerdings noch nicht allzu groß.

Doch nicht alleine das Volumen, die »Röhre« ist maßgebend für die Qualität (Material) einer Stimme, sondern das Timbre und die Tragfähigkeit.

Bald konnte ich eine Schallplatte besingen, mit zwei kleinen Liedern und einer Arie:

»Marienwürmchen«	Robert Schumann
(aus »Des Knaben Wunderhorn)	
»Schwesterlein«	Mel.v.W.v.Zuccalmal
»Siciliana«	G.B.Pergolesi

Sie wurde im Wuppertaler Tonstudio Weigmann hergestellt. Diese ca. 37 Jahre alte Schellack-Platte besitze ich noch als akustische Erinnerung.

Frau Neumann ließ mich immer wieder Lieder in der Mittellage singen, obwohl meine Stimme nicht als Mezzosopran einzuordnen war, sie hatte nicht das dementsprechende Timbre, auch gab es hierfür keinen anderen Grund. Selbst für meinen Vater, als Chor-Sänger, war dies unverständlich.

Im Dezember 1964 trat für mich eine große Wende ein, die für meine weitere stimmliche Entwicklung und meinen weiteren musikalischen Werdegang von großer Bedeutung sein sollte.

Die Tochter von Fam. Neumann holte ihre Eltern nach Karlsruhe, beide waren inzwischen achtzigjährig und konnten sich nicht mehr alleine versorgen. Sie wohnten dort in einem privaten Altenheim. Herr Gerhard Neumann, ein wunderbarer und liebevoller Mensch, erzählte mir sehr oft, dass er als Dipl.-Ing. entscheidend an der Erbauung des Tauern-Tunnels mitgewirkt hatte. Meine Mutter und ich besuchten beide noch einmal, kurz vor ihrer Abreise. Herr Neumann verkraftete den Umzug nach Karlsruhe leider nicht, schon nach einer Woche erlag er dort einem Schlaganfall.

Der Fortgang von Frau Prof. Neumann aus Wuppertal, war für mich, aus künstlerischer und menschlicher Sicht, ein großer Verlust. Wir korrespondierten noch sehr oft miteinander. In ihrer Post informierte sie mich immer über die neuesten Ereignisse, hinsichtlich der anderen Gesangskommilitonen.

So erfuhr ich, dass Gerd (Tenor) inzwischen verheiratet war und seine Bühnenprüfung, mit großem Erfolg, in Stuttgart abgelegt hatte. Ob Wilfried (Bariton), der »Casanova«, ebenfalls Opernsänger geworden ist, habe ich leider nicht erfahren.

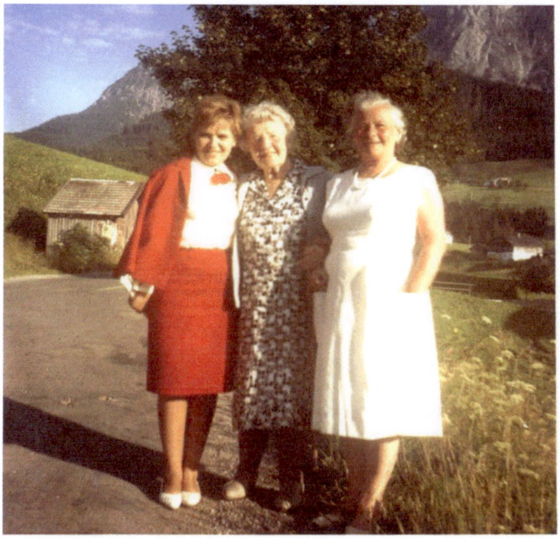

Im Sommer 1965 besuchte ich Frau Neumann, ihre Schwägerin und ihren Schwager, in Abtenau (b. Salzburg), von unserem Urlaubsort Lofer (b. Salzburg) aus.

Frau Prof. Neumann traf ich 1967 zufällig noch einmal, während ihres Besuches im Wuppertaler Opernhaus; sie war noch Mitglied des Richard-Wagner-Verbandes, der seine Jahreshauptversammlung in jedem Jahr in einer anderen Stadt veranstaltete, die immer mit einem kulturellen Ereignis verbunden war.

Ich lud Frau Neumann für den nächsten Tag zu meinen Eltern nach Hause ein. Es war das letzte Mal, dass wir uns sahen. Leider ist mir nicht bekannt, wann Frau Prof. Neumann verstarb.

Künstlerin verläßt Wuppertal

Adrienne Neumann beendet ihre erfolgreiche Tätigkeit

Mit einer Feier im Wuppertaler Hof verabschiedete sich Frau Prof. Adrienne Neumann von ihren Wuppertaler Freunden und Schülern. Zusammen mit ihrem Gatten, Dipl.-Ing.. Gerhard Neumann, einem bekannten Brückenbauer, tritt die fast achtzigjährige Künstlerin in den verdienten Ruhestand. Nicht nur für Wuppertal, sondern für den gesamten Sängernachwuchs ist der Rücktritt von Adrienne Neumann ein schwerer Verlust. Die Künstlerin gehört zu den profiliertesten Gesangspädagogen unserer Zeit. Aufgewachsen in der Atmosphäre der k. u. k. Wiener Hofoper und als Schülerin des Wiener Konservatoriums, erhielt sie die beste Grundlage für ihren Beruf. Ihre schon früh entwickelte Begabung, Stimmen und Talente zu finden und zu erkennen und ihr Aufstieg als Konzertsängerin verhalfen ihr rasch zu einem ansehnlichen Schüler-Kreis. Wien, Györ, Budapest, Aussig, Berlin, Salzburg und Reval wurden zum Schauplatz ihres erfolgreichen Wirkens. Fast alle bekannten Größen der Bühne waren bei ihr zu Gast, und ihr kultiviertes Haus wurde zu einem

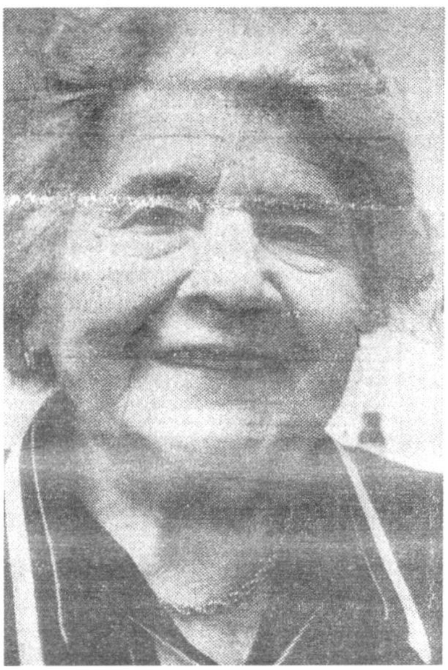

Stück Musikgeschichte eigener Art. An vielen in- und ausländischen Bühnen sangen und singen immer noch Schüler von Adrienne Neumann.
Den Wuppertaler Musikfreunden dürften besonders Alfons Herwig durch sein Engagement am Wuppertaler Opernhaus und Gerhard Gröschel, der in Köln engagiert ist und in Wuppertal in vielen Konzerten und Oratorienaufführungen zu hören war, bekannt sein.
Seit 1952 arbeitete Adrienne Neumann in Wuppertal. Auch hier hatte sie bald einen großen Schülerkreis und ebenso große Erfolge. Die bergischen Stimmen schienen für den Belcanto-Gesang geschaffen.
»Trotzdem habe ich nirgends so schwer arbeiten müssen wie gerade hier in Wuppertal«, sagte uns die Künstlerin.
»Alle meine Schüler waren voll in einem bürgerlichen Beruf eingespannt und konnten nur abends, manchmal halbtot vor Erschöpfung, ihrem Studium nachgehen. Ich sage das nur, um die Fragen nach dem fehlenden deutschen Sängernachwuchs zu beantworten. Alle meine Kollegen haben mit den gleichen Problemen zu kämpfen!«
Nur ungern verlässt Adrienne Neumann Wuppertal und nur ungern gibt die Künstlerin ihren Beruf auf.
Sie scheidet deshalb mit den Worten:
»Für meine Schüler bin ich immer noch zu sprechen. Ich werde helfen wo ich kann. Es sind ja alle meine Kinder!«
WZ, Dienstag, 1. Dezember 1964

Wilfried, der mich eigentlich zu den Festspielen begleiten sollte, sich aber lieber auf »Freiersfüßen« begab, war freier Mitarbeiter der WZ. So schrieb er damals, zum Abschied von Frau Prof. Neumann, den obigen Pressebericht.

Mein sehnlichster Wunsch, mein Ziel, war immer noch, Opernsängerin zu werden, deshalb nahm ich weiter Gesangunterricht bei Herrn Fritz Jäger, auf Empfehlung von Frau Neumann.

Fritz Jäger war ein bekannter, erfolgreicher Gesangspädagoge und Konzertsänger in Wuppertal und über Wuppertals Grenzen hinaus. Er entwickelte aus seiner sängerischen Praxis heraus eine Atem- und Stimm-Therapie. Er berief sich dabei auf die Belcanto-Tradition des Mailänders Giovanni Battista Lamperti und auf die Eurythmie von Rudolf Steiner

Die ersten Unterrichtsstunden waren für mich eine große Umstellung und fielen mir sehr schwer.

Ich musste mich mit einer vollkommen anderen und zunächst sehr anstrengenden Gesangsmethode auseinandersetzen, in der ich erlebte, wie auf ganz natürliche Weise die Zwerchfellatmung aktiviert wurde. Bald fühlte ich mich stimmlich frei und unbelastet von jeder unnötigen Muskelverspannung.

So konnte sich meine Stimme selbst für den Stimmcharakter einer Soubrette entscheiden, mit dem die unverwechselbare und natürliche Klangfarbe (Timbre), die seelische Konstitution und der körperliche Typus, der das Fach vertritt, verbunden sind.

Parallel zu meinem Gesangstudium, besuchte ich 1965 die Opernschule in Wuppertal, die zu dem damaligen Wuppertaler Konservatorium gehörte, mit dem Rollenfach Soubrette. Sehr gerne erinnere ich mich noch an ***Ute Vinzing,*** sie gehörte auch zu den damaligen Opernschülern. Nach einem Engagement im Barmer Opernhaus, wurde aus ihr eine weltweit gefeierte Opernsängerin im »hochdramatischen Fach«.

Es gab Schwierigkeiten! Der damalige Musikdirektor, der die Opernschule leitete, bevorzugte ständig eine Gesangschülerin; wochenlang wurde nur eine bestimmte Szene geprobt, während unseres szenischen Unterrichtes, in der diese Schülerin die Hauptpartie sang, zumal die Rolle doppelt besetzt war.

Die anderen Gesangskommilitonen und ich waren einer Meinung, dass der Verlauf dieser Stunden kein korrekter Unterricht war, der sich in keiner Weise rechtfertigen ließ. Kämpferisch und spontan protestierte ich dagegen während einer Unterrichtsstunde. Die anderen Kommilitonen hielten offiziell nicht zu mir, sie schwiegen. Von ihren Verhaltensweisen, mir gegenüber, war ich sehr enttäuscht.

Leider hatte mein Protest für mich fatale Folgen, verbunden mit einer schmerzlichen Erfahrung. In der darauffolgenden Korrepitionsstunde gab es zwischen dem Musikdirektor und mir, wie zu erwarten, eine große Auseinandersetzung. Er war offensichtlich ein Pädagoge, der keine Kritik vertrug und nicht in der Lage war, die Angelegenheit im Sinne der Opernschüler pragmatisch zu betrachten.

Der Dekan bestätigte mir mein richtiges Handeln! Eine Zusammenarbeit zwischen dem Musikdirektor und mir war allerdings nicht mehr möglich, so dass ich die Opernschule verlassen musste.

Dazu kann ich heute sagen: » Es gibt schlechte Erlebnisse, aber keine schlechten Erfahrungen«. (Hans Habe)

Diese Feststellung sollte sich später in einer ähnlichen Situation, während meines Studiums, bewahrheiten.

Es folgten privater Klavierunterricht und Gesangsinterpretation bei Herrn Musikdirektor Heddergott, sowie Korrepition bei Herrn Kapellmeister Schwarz vom Wuppertaler Opernhaus.

Mein erster öffentlicher Auftritt als Sängerin, mit drei weiteren Gesangschülern von Herrn Jäger, (Alt, Tenor, Bass), war im Dezember 1967. (Heiligabend). Unter Mitwirkung gestalteten wir gemeinsam die Gemeinde-Weihnachtsfeier in der Pauluskirche in Wuppertal.

In weiteren Wuppertaler Konzerten sang ich u.a. zusammen mit den damals bekannten Oratoriensängern Klaus und Willy Feierabend.

An ein Konzert, mit dem Orchester und Oberstufen-Chor der Rudolf-Steiner-Schule, unter Leitung des Wuppertaler Komponisten Fritz Christian Gerhard, der auch Musiklehrer an dieser Schule war, erinnere ich mich besonders gerne. Das Programm wurde im März 1969 im großen Saal der Wuppertaler Stadthalle vorgestellt, für ein Konzert in der »Ecole normale de musique« in Paris, welches am 15.4.1969 stattfand.

Im März 1969 herrschte in Wuppertal eine Virus-Grippe, alle Krankenhäuser waren überfüllt. Auch ich blieb von dieser Grippe nicht verschont und musste auf meinen ersten Auftritt in der Stadthalle verzichten. Eine bittere Enttäuschung!

Vorgesehen war, einen der Solosoprane in der »Missa brevis« von Haydn, für zwei Solo-Soprane, Chor und Streichorchester, zu singen.

Ein kleines »Trostpflaster« war für mich ein Pressebericht vom 17.3.69 im Wuppertaler GA, aus dem hervorging, in diesem Konzert mitgewirkt zu haben. Also, eine »Zeitungsente«!

Meine Grippe hatte ich relativ schnell überwunden, so dass ich im April 1969 mit nach Paris fahren konnte.

So wurde ich für die große Enttäuschung entschädigt.

Wir wohnten in dem Hotel »De L' Europe« in Paris. Das Konzert wurde im französischen Rundfunk übertragen und war ein großer Erfolg, nicht nur für meine Gesangskollegin Hannelore Teske (ebenso Schülerin von Herrn Jäger) und mich, sondern auch ganz besonders für den Oberstufen-Chor und Orchester der Rudolf-Steiner-Schule, unter professioneller Leitung von Fritz Christian Gerhard. Diese Tage in Paris, zähle ich zu meinen bedeutendsten Erlebnissen meines musikalischen Werdeganges.

Ein Programm für Paris
Rudolf-Steiner-Schule musizierte in der Stadthalle
Am 15. April gibt die Rudolf-Steiner-Schule in der »Ecole normale de musique« in Paris ein Konzert. Damit wird das Gastspiel erwidert, das die aus Jugendlichen bestehende, von dem bekannten Geiger Alfred Loewenguth geleitete »Schola Cantorum Paris« im Herbst vergangenen Jahres im Mädchengymnasium am Kothen gegeben hat.
Mit ihrem Pariser Programm machte die Steiner-Schule (Chor und Orchester der Oberstufe) im Großen Saal der Stadthalle bekannt. Der hohe, durch das Wirken des Musiklehrers und Komponisten Fritz Christian Gerhard erreichte Leistungsstand, kam wieder zur Geltung. Klangstark, rein und harmonisch fest, gelangen das Concertino von Ricciotti (Pergolesi) und das Andante von Max Reger, beide für Streichorchester, Gerhard am Pult leitete allzu bedachtsam. Vor allem hätte die uraufgeführte »Fantasie für Violoncello und Streichorchester«, eine in ihren Gedanken kühn ausschweifende Musik über die Canzona Villanesca von Tomaso Cimello (1545) aus der Feder des Dirigenten, mehr

Aggressivität im Vortrag vertragen können. Der ausgezeichnete Solist Christian Vallbracht hätte es sicher möglich gemacht.
Unter den kammermusikalischen Kostproben ragten hervor: der gelöst konzipierte klanglich weiträumige »Monolog für Klarinette« von Fr. Chr. Gerhard, präzise geblasen von Burckhardt Großbach, sowie die Chorsätze von Hindemith (französische Chansons) und Bartok (Slowakische Volkslieder).
Das ungewöhnlich reichhaltige Programm gipfelte in dem musizierfreudigen Klavierkonzert A-Dur (KV 414) von Mozart, dessen Solopartie von Christian de Bruyn ebenso treffend empfunden wie spieltechnisch gemeistert wurde; sodann in der Missa brevis für zwei Solo-Soprane, Chor und Streichorchester von Joseph Haydn. Mit erstaunlicher Sicherheit, dynamisch wohldisponiert und klangkräftig wurde sie wiedergegeben. Starke solistische Stützen standen dem Dirigenten mit Hannelore Teske und Brigitte Manns zur Seite.
Fs.
(GA Mo. 17.3.1969)

Konzert in Paris

mit der Rudolf-Steiner-Schule Wuppertal

am 15. April 1969 in der «Ecole normale de musique«

Unter Leitung von Fritz Christian Gerhard

Missa brevis – für zwei Solo-Soprane,

Chor und Streichorchester

von Joseph Haydn

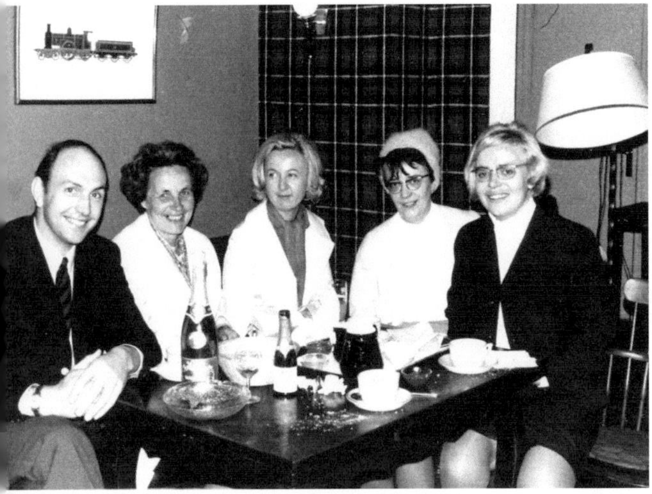

Frühstück im Hotel, nach unserem Konzert; an diesem Morgen wurde gestreikt – Sektfrühstück – die Brötchen mussten wir selbst kaufen!
3. v.l. Hannelore Teske, 1. v.r.Brigite Manns und Mitglieder des Streichorchesters

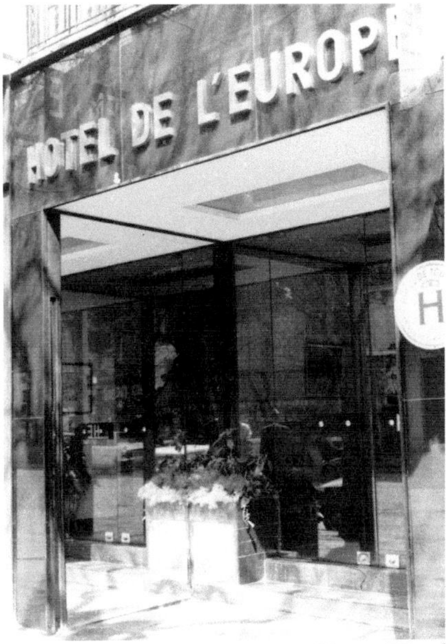

Unser Hotel

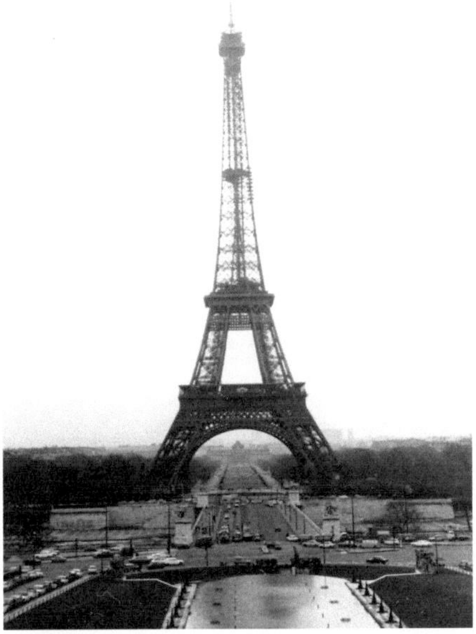
Eiffelturm

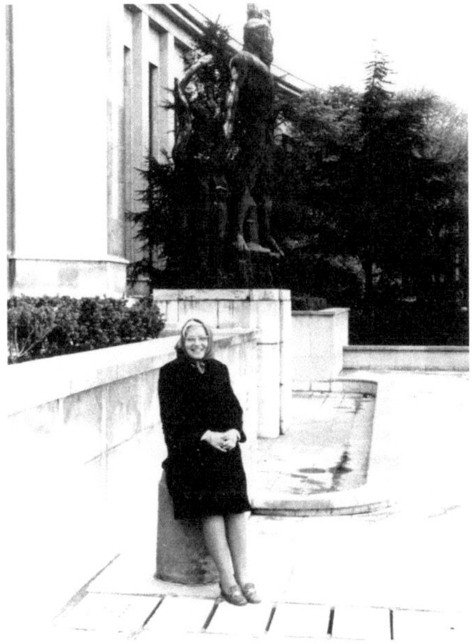
In der Nähe des Eiffelturms

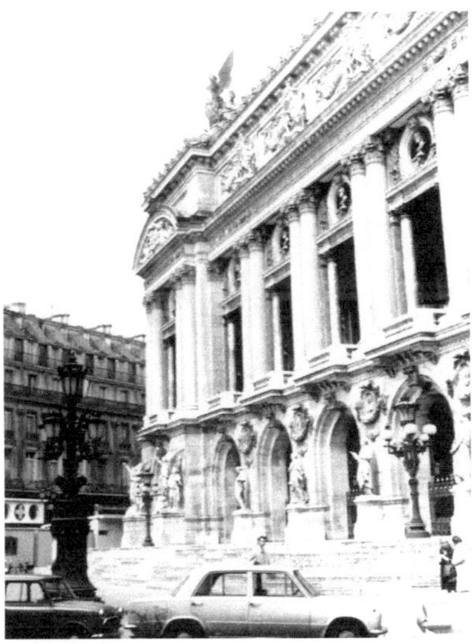
Pariser Oper

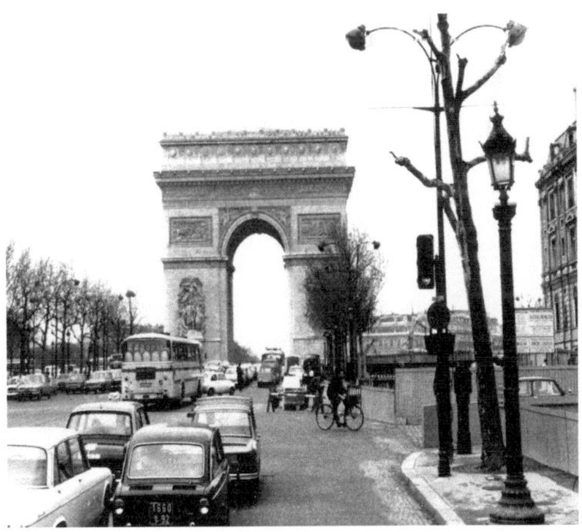
Arc de Triomphe (Triumphbogen

ASSOCIATION des AMIS des ORCHESTRES d'ENFANTS
et de CADETS de la SCHOLA CANTORUM
19, rue Pierre Curie
ROB 17.24 SCEAUX

Président : **Robert SALLES**

PROGRAMME

du

CONCERT

donné par la

CHORALE et l'ORCHESTRE

des

Classes Supérieures de l'Ecole **RUDOLF STEINER**

de

WÜPPERTAL (Allemagne)

dirigés par

FRITZ CHRISTIAN GERHARD

Cette manifestation a lieu dans le cadre des échanges Internationaux de Jeunes sous l'égide de l'Office Franco Allemand pour la Jeunesse, à la suite du concert donné à Wüppertal (Allemagne) en septembre 1968, par les Orchestres d'Enfants et de Cadets de la Schola Cantorum, fondés et dirigés par

15 AVRIL 1969
Salle CORTOT

Alfred LOEWENGUTH

15 AVRIL 1969

PROGRAMME

CONCERT : 20 h. 3

CONCERTINO — RICCIOTTI (Pergole

pour Orchestre à cordes

3 CHANSONS d'après les poèmes français de Rainer Maria Rilke — HINDEMITH

en hiver - La biche - Puisque tout passe — Choeur mixte

4 CHANSONS POPULAIRES SLOVAQUES — BARTOK

4 DUOS POUR 2 VIOLONS — BARTOK

Ilse Ahrens - Christian Schott

3 DUOS POUR COR et BASSON — MOZART

Bastian Dirx - Jürgen Weichold

PETITE PIECE (pour clarinette et piano — DEBUSSY

FANTAISIE) pour clarinette et piano — GADE

Burckhardt Groosbach - clarinette

FANTAISIE pour VIOLONCELLE et ORCHESTRE à CORDES — GERHARD

sur la canzona villanesca de Tomaso Cimello - Venise 1545

soliste : Christian Vallbracht

ENTRACTE

Andante lyrique — REGER

pour orchestre à cordes

CONCERT en la majeur pour piano et Orchestre KV 414 — MOZART

soliste : Christian de Bruyn, ancien élève

MISSA BREVIS pour choeur mixte et Orchestre à cordes — HAYDN

solistes : Hannelore Teske et Brigitte Manns

Choeur et orchestre des classes supérieures de l'Ecole Rudolf Steiner de Wüppertal, sous la direction de Fritz-Christian GERHARD

A LA REPETITION PUBLIQUE DE 17 HEURES SERONT DONNES LES OEUVRES DE :

RICCIOTTI - MOZART - HAYDN - Fritz-Christian GERHARD

Französischer Pressebericht zum Konzert in Paris am 15. April 1969

CHORALE ET ORCHESTRE DE L'ECOLE RUDOLF STEINER, DE WUPPERTAL

Voici une belle – et réelle – manifestation artistique, donnée dans le cadre des Echanges Internationaux de Jeunes, sous l'égide de l'Office franco-allemand pour la Jeunesse, à la Suite du concert donné à Wüppertal en septembre dernier par les Orchestre d'Enfants et de Cadets de la Schola Cantorum, fondés et dirigés par Alfred Loewenguth dont on connait le talent et les non moins grandes qualités d'enseignant.

Ces jeunes Allemands, d'une exellente tenue et d'autant plus sympathiques qu'ils sont simples et ne se prennet pas pour des vedettes, nous ont ébloui en ce sens que l'on ne sait s'il faut davantage louer cet orchestre à cordes contenant des éléments de valeur,déjà, tels le premier violon, Christian Schott, ainsi que le bassoniste Jürgen Weichold, et le corniste Bastian Dirx, le clarinettiste B. Groosbahc, et le très jeune violoncelliste, Christian Vallbracht, aux belles sonorités, étudiées certes, mais conservant leur spontanéité et leur fraicheur d'expression, et qui firent merveille en interprétant Ricciotti, Bartok, Mozart, Debussy, Gade, Reger, ou cette chorale *souple, homogène, et qui sut interpréter en francais trois chansons, d'après les poèmes de Rainer Maria Rilke et, avec l'orchestre, la Missa Brevis de Haydn.*

! Deux voix ravissantes également, Hannelore Teske et Brigitte Manns.!

Ou faut-il louer davantage encore leur chef, le Maitre Fritz Christian Gerhard qui a su former véritablement ces jeunes et les dirige avec sûreté ?

Avec de telles gens, la Musique est et sera remarquablement servie. (Salle Cortot 16-4-69)

Aus : « Le guide du concert N° 548, 3.V. 69 Paris «

! « Zwei gleich entzückende Stimmen – Hannerose Teske und Brigitte Manns »!

(übersetzt von Fritz Christian Gerhard – Komponist – Dirigent des Orchesters und Lehrer der Rudolf Steiner-Schule)

(Abschrift)

Wie schon erwähnt, hatte sich meine Stimme zum Stimmcharakter einer Soubrette entwickelt. Mit dem Stimmtypus ist unmittelbar ein bestimmtes Rollenfach an der Oper verbunden.

Soubrette (franz. – Zofe), Spielsopran.

Ein Sopran mit zarter, biegsamer Stimme und ausgeprägter Spielbegabung, besonders für muntere, humorvolle Mädchenrollen.

Zu den Rollenfächern der Soubrette gehören z.B.., um nur einige zu nennen:

Marie	*Waffenschmied u. Zar und Zimmermann*	(Lortzing)
Papagena	*Zauberflöte*	*(Mozart)*
Zerline	*Cosi fan tutte*	*(Mozart)*

Schauspielerisches Talent, Temperament und stimmliche Qualifikation besaß ich ganz sicher, den Humor habe ich mir bis heute bewahrt, jedoch sollte sich alles anders entwickeln.

Auf Empfehlung von Fritz Jäger, sang ich am Wuppertaler Opernhaus vor, mit der Absicht, ein erstes Engagement für das Rollenfach einer Soubrette zu bekommen. Die Bemühungen waren allerdings aussichtslos. Inzwischen war ich 25 Jahre alt, vielleicht schon zu alt und nicht mehr glaubwürdig für dieses Fach. Hinzu kam, wie mir andere Gesangskommilitonen bestätigten, dass die Gesangschüler, der Frau des damaligen Chordirektors der Wuppertaler Bühnen, bevorzugt wurden.

Eines weiß ich heute ganz sicher, Können und Qualifikation führen nicht immer alleine zum Erfolg, sondern Protektionen sind in manchen Situationen erforderlich und hilfreich, um überhaupt die Aufmerksamkeit auch sich zu lenken.

Mich an einer anderen Bühne zu bewerben, dazu fehlte mir jede Motivation. Ebenso war es für mich undenkbar, ein ganzes Leben lang eventuell in einem Büro zu sitzen, das war nicht meine Welt.

Schon als Kind spürte und wusste ich, Musik gehört zu meinem Leben.

Fritz Jäger fand die Lösung für meine Wünsche, sein Vorschlag war, »Rhythmik« zu studieren. Unsere »Informationsquelle« war ein Heft mit dem Titel: »Rhythmische Erziehung in der Musikschule«, Heft 2/1967, herausgegeben vom Verband »Rhythmische Erziehung« e.V., Dortmund.

Folgende Informationen konnten wir diesem Heft entnehmen:

»Seit 1925 gibt es eine Staatl. Privatmusiklehrerprüfung mit dem Hauptfach »Rhythmische Erziehung«
(PMP). Die Ausbildung eines Rhythmiklehrers erfolgt an einem Rhythmikseminar, das an einer Musikhochschule oder einem Konservatorium angegliedert ist. Das Studium dauert in der Regel 3 Jahre, also 6 Semester und endet mit der »Staatl. Prüfung für Musiklehrer«.

Hauptfächer im Rhythmikseminar sind:
Rhythmische Erziehung
Körperbildung und Bewegungslehre
Tanz (Jazz-Tanz, Ballett)
Bewegungsimprovisation
Klavierimprovisation zur Bewegung
Improvisation auf Melodieinstrumenten
Improvisation auf Schlaginstrumenten (Orff-Instrumentarium)
Methodik und Didaktik der Rhythmischen Erziehung
Anatomie und Psychologie

Ebenso gehören zum Rhythmikstudium alle musiktheoretischen Fächer, wie z.B.:
Gehörbildung, Tonsatz, Formenlehre, Musikgeschichte, Geschichte der Musikerziehung. Als Schulbildung wird die »mittlere Reife« vorausgesetzt, also Obersekundarreife eines Gymnasiums oder Abschluss einer Mittelschule. An manchen Instituten besteht die Möglichkeit, während des ersten Seminarjahres eine »Prüfung zur Feststellung der Bildungsreife« anstelle der genannten Examina, abzulegen. Für die Aufnahmeprüfung an einer Musikhochschule oder Konservatorium, sind erforderlich:
Elementare Musikkenntnisse, Tonarten, Intervalle und Akkorde bestimmen, Tonfolgen nachsingen, Taktarten und Rhythmen erkennen, Volkslieder frei singen und eventuell spielen.
Klavier: Mittlere Spielfähigkeit (etwa zweistimmige Bach-Inventionen, Haydn-Sonate), Melodieinstrument: Ausreichendes Können auf der Blockflöte oder einem anderen Blas- oder Streichinstrument. Blockflöte als einziges Instrument

reicht zur Aufnahme an einer Musikhochschule nicht aus.
Die körperliche Eignung und Entwicklungsfähigkeit wird bei der Aufnahmeprüfung festgestellt.

Nun, jetzt wusste ich was auf mich zukam. Ein Weg mit harter Arbeit und Verzicht in mancher Hinsicht, lag vor mir. Trotzdem, diesen Weg wollte ich gehen und ich sagte mir immer wieder, du musst und wirst es schaffen. Drei Jahre sind keine Ewigkeit! Ich wagte »den Sprung ins kalte Wasser«.

Nachdem ich die Aufnahmeprüfung am damaligen »noch« Wuppertaler Konservatorium 1968 bestanden hatte, legte ich, nach 2 Semestern Studium, im September 1969, die »Bildungsreifeprüfung« vor dem Prüfungsausschuss des Regierungspräsidenten in Düsseldorf ab. So konnte ich mein Studium fortsetzen.

Von den damaligen Büro-Kollegen/innen wurde ich mit einem Blumenstrauß und einem Kartengruß verabschiedet, auf dem die bedeutsamen Worte von Eugen Roth standen:

»Ein Mensch der eine Arbeit hatte,
bemerkte, dass er sie nicht wollte,
er sucht nach Höherem, nach Werten,
studiert, geht unter die Gelehrten.
Und hat er dann sein Ziel erreicht,
sieht er, wie sich alles gleicht,
früh aufsteh'n, sich plagen, kämpfen,
den edlen Idealismus dämpfen,
und sehnsuchtsvoll denkt er an Stunden,
die einst er sehnte überwunden«

Die Denkungsweise der damaligen Kollegen, die sie mit den Worten von Eugen Roth, mir genüber, zum Ausdruck bringen wollten, kann ich aus ihrer Sicht sehr gut nachvollziehen, jedoch die Richtigkeit der Überlegungen, übertragen auf meine Situation und Absicht, kann ich absolut nicht bestätigen, besonders jetzt nicht, nach meiner langjährigen Unterrichtstätigkeit als Musiklehrerin.
Näheres hierzu später unter »Kritische Betrachtungen«.

Erfahrungen

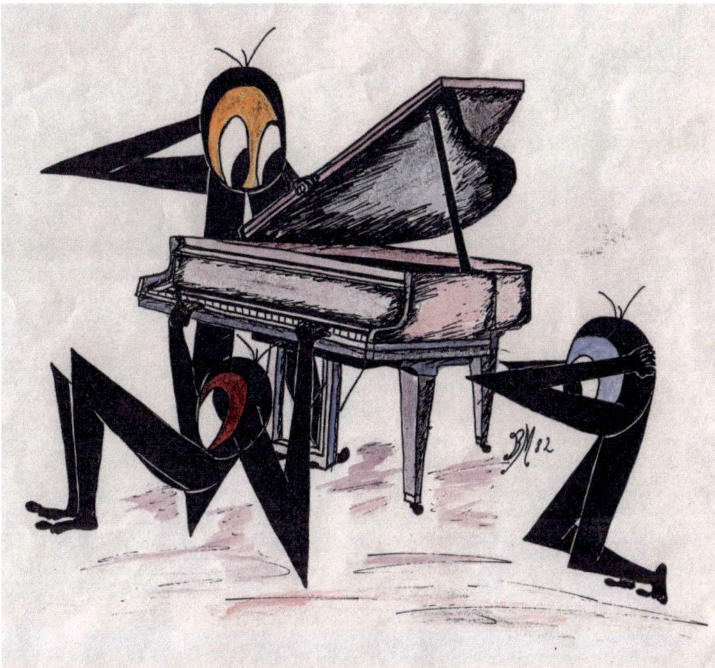

Der Flügel stöhnt, lasst diese schrägen Töne,
die Dissonanzen geben keine Melodie,
ich lasse gerne meine Tasten tanzen,
für die Vollkommenheit der Harmonie,
und meine Tasten wollen munter springen,
wenn wir gemeinsam unsere Lieder singen.

Gesang

Während meiner Gesangstudien bei Frau Prof. Neumann und Herrn Fritz Jäger, einschließlich der Besuch der Opernschule am Wuppertaler Konservatorium, mit Partienstudien und allen theoretischen Fächern, erwarb ich mir umfangreiche Kenntnisse in der Gesangspädagogik/Methodik, sowie in der Lied-Oratorien und Opernliteratur.

Es ist nicht meine Absicht, eine Gesangs- oder Atemmethode zu vermitteln, sondern ich möchte meine Kenntnisse bzw. Erfahrungen als wertfreie Informationen anbieten.

Ernst Kretschmer (1888–1964), Psychiater, Neurologe und Konstitutionsforscher, schuf mit seinem Buch »Körperbau und Charakter« eine Typeneinteilung, die Aufschlüsse über die Zusammenhänge zwischen Körperbau und seelischer Grundhaltung gibt. Er sagt, dass die Parallelität zwischen Stimme, Stimmklang, Bühnengestalt und Temperament, durch die chemische Zusammensetzung des Blutes bestimmt wird. Aus diesen Erkenntnissen ist zu schließen, dass die natürlichen Gegebenheiten die ganze Persönlichkeit des Sängers charakterisieren und mitbestimmend sind, für die Einordnung seiner Stimme in das jeweilige Rollenfach der Oper.

In den letzten Jahren wurden einige Bücher von Wissenschaftlern und Stimmbildnern veröffentlicht, mit Informationen, die den neuesten wissenschaftlichen Erkenntnissen auf dem Forschungsgebiet »Stimme« entsprechen, die Kenntnisse über verschiedene Formen der Atmung oder Darstellungen der Anatomie und Physiologie des Stimmapparates, sowie Ergebnisse auf dem Gebiet der Phonetik und Akustik vermitteln.

Die Veröffentlichungen beinhalten sicher anregende Gedanken und können Pädagogen und Sängern fördernde Impulse geben, die Frage stellt sich aber, ob neue Erkenntnisse die Ausbildung der zukünftigen Sänger verbessern können. Eines ist sicher, dass aus Büchern keiner singen lernt, sondern nur die aktive

Auseinandersetzung mit einer Gesangsmethode kann zum Erfolg führen.

Jeder Gesangstudierende sollte für sich persönlich herausfinden, welche Methode eines Gesangspädagogen ihm das Gefühl der Weiterentwicklung seiner Stimme gibt.

Ebensowenig würde es einem Musikstudierenden wenig helfen, wenn er in der Gehörbildung Schwierigkeiten hat, auch das soll vorkommen, ein Buch über Gehörbildung zu kaufen. Es wäre geradezu grotesk!

Theoretische Kenntnisse reichen nicht aus. Um Schwierigkeiten zu überwinden, muss jeder seinen eigenen methodisch-praktischen Weg finden, der ihm weiterhilft.

»Das Gebiet der Stimmbildung kennt nichts Nebensächliches. Alles greift ineinander, alles ist gleichmäßig wichtig wie kaum auf einem anderen Kunstgebiet. Das liegt daran, dass wir kein fertig gegebenes Instrument sozusagen in die Hand nehmen können, sondern dass wir das Instrument erst ausbauen müssen, indem wir es zugleich schon benutzen. Die Bausteine zu dem Aufbau und Ausbau sind in ebenso starkem Maße physischer wie psychischer Natur«. (Paul Lohmann, »Die sängerische Einstellung«)

Weltweit gibt es kein vergleichbares Musikinstrument, welches so eng mit dem Menschen verbunden ist, wie die eigene Stimme.

In einem ganz besonderen Maße wird der Sänger in seiner Persönlichkeit gefordert und somit gefördert. Die Anforderungen beziehen sich auf eine harmonische Beherrschung seiner geistigen, psychischen und physischen Kräfte.

Durch eine qualifizierte Gesangsausbildung ist es möglich, die höchste Vollendung einer stimmlichen Entwicklung zu erreichen.

Jeder Gesangspädagoge trägt eine große Verantwortung im Umgang mit der Stimme seines Gesangschülers, er muss sorgfältig und pflegerisch mit ihr umgehen; nur ein erfahrener Pädagoge besitzt diese Fähigkeiten. Er sollte selber als Sänger konzertiert haben, um auch aus dieser künstlerischen Tätigkeit seine Erfahrungen mit in den Unterricht einbringen zu können. Nur so kann er ein glaubwürdiger und erfogreicher Gesangspädagoge sein.

Er selber sollte soviel Temperament besitzen, dass der »Funke« auf den Schüler überspringt, die geistigen, seelischen und körperlichen Kräfte herausfordert, um somit ein Selbstvertrauen des Schülers zu entwickeln, zu seinen eigenen Leistungen.

Aurelius Augustinus (354-430), Bischof v. Hippo (Nordafrika), grundl. für kath. Theologie, Ethik und Gesellschaftslehre, hat einmal gesagt: »*Nur wer selber brennt, kann andere entzünden*«.

In diesem Ausspruch liegt, nach meiner Meinung, das Geheimnis für viele Erfolge im Leben, insbesondere im künstlerisch-pädagogischen und therapeutischen Bereich.

Die Stimme dient dem Sänger als »Instrument«, sie ist aber ebenso bedeutsam für die Verständigung und Kommunikation aller Menschen. Durch Erkrankung des Kehlkopfes, wird die Funktion der Stimme sehr stark eingeschränkt.

»Jedoch kann derjenige noch sprechen, dem wegen einer Erkrankung (z.B. Tuberkulose), große Teile des Kehlkopfes operativ entfernt werden mussten. Die Bildung der Vokale hängt von der Formgebung der Mundhöhle ab, die Konsonanten werden mit den Lippen, Zunge und Gaumen geformt. Bei der Flüstersprache schwingen die Stimmbänder nicht mit, sie liegen geschlossen aneinander. Zum tonlosen Sprechen ist also der Kehlkopf nicht vonnöten.«

(Dr. med. Klaus D. Mörike, »Biologie des Menschen«, Verlag Quelle & Meyer, Heidelberg)

Durch die starke Aktivierung des Zwerchfells, innerhalb eines Gesangunterrichtes, gewinnt das Zwerchfell an Kraft. Diese Kraft benötigen wir zum Singen und Sprechen, sie ermöglicht uns, dem Ton Tragfähigkeit zu verleihen, ungeachtet der Lautstärke. Es kann also nicht von einer ***»Atemtechnik«*** die Rede sein.

Die Atmung ist ein natürlicher Vorgang!

Obwohl es mir nicht vergönnt war, Opernsängerin zu werden, fasziniert mich die Oper bzw. der Operngesang immer wieder. Manchmal, wenn ich die Arien höre, die ich selber einmal gesungen habe, wie z.B. die »Susanne« (Figaro), »Blondchen« (Entführung), »Zerline« (Don Juan), »Despina« (Cosi fan tutte) und noch viele andere, bekomme ich jedes Mal eine »Gänsehaut« und ich bedaure doch sehr im hintersten Winkel meines Inneren, dass mein Wunsch sich nicht erfüllt hat.

Sollte es eine Reinkarnation geben, eine Wiedergeburt des Menschen, die Anthroposophen und die Inder glauben, dass die Seelen der Verstorbenen in körperlicher Form auf die Erde wiederkehren, bekomme ich vielleicht eine zweite Chance.

Meine späteren Musikschüler, primär die Grundkursschüler, haben von meiner Ausbildung als Sängerin sehr profitiert. Den Unterricht gestaltete ich immer mit sehr vielen Liedern, die von den Schülern gesungen und mit Rhythmusinstrumenten begleitet wurden.

Die Motivation und Begeisterung, die sich in diesen Stunden entwickelten, wurden in den vielen Schülerkonzerten in der Aula des Gymnasiums »Am Kothen«, die ich dort 20 Jahre lang veranstaltete, hör- und sichtbar. Außerdem gründete ich während dieser Zeit, innerhalb der Musikschularbeit, einen Kinderchor, den ich 8 Jahre leitete. Die Fortführung des Chores scheiterte letzten Endes an finanziellen Mitteln, da in den Gymnasien, besonders in einem musischen Gymnasium wie »Am Kothen«, das Mitsingen in einem Schulchor natürlich kostenlos ist

Aufgrund dieser Erfolge muss ich sagen, dass die Nichterfüllung meines Wunsches, Opernsängerin zu werden, eigentlich kein Thema mehr sein kann

Fritz Jaeger

verstorben am 23.03.2000

Schaffenskraft bis zum letzten Tag

Gesang hilft Asthmakranke heilen

Wuppertaler Musiklehrer bekämpft Asthmaleiden mit Musik–Therapie

Wo in anderen Wuppertaler Haushaltungen der heimische Herd das Zentrum bürgerlicher Geborgenheit symbolisiert, steht bei ihm ein Bechstein-Flügel. Und das ist in diesem Fall ganz und gar nichts Ungewöhnliches. Denn Fritz Jaeger ist Konzertsänger und Gesangspädagoge, seine Frau Else Klavierlehrerin. Ungewöhnlich ist nur, dass der kunstsinnige Hausherr seit 20 Jahren Asthmakranke durch Gesang zu heilen versucht – und das mit Erfolg.

Sich mit ihm zu unterhalten, heißt an einem Naturereignis teilzuhaben. Gewaltig ist seine Beredsamkeit, weitausholend seine Gedankengänge. Da sprudelt es aus ihm hervor, drängend, als wollte er ein imaginäres Auditorium in seinen Bann ziehen. Es folgen leise Passagen, behutsam fast. Denn Wesentliches bedarf keines Fortissimos. Wenn jemals Worte dazu imstande waren, eine Welt der Suggestion erstehen zu lassen, Fritz Jaeger beherrscht die Geister, die er durch den Schwall seiner Erzählungen ruft.

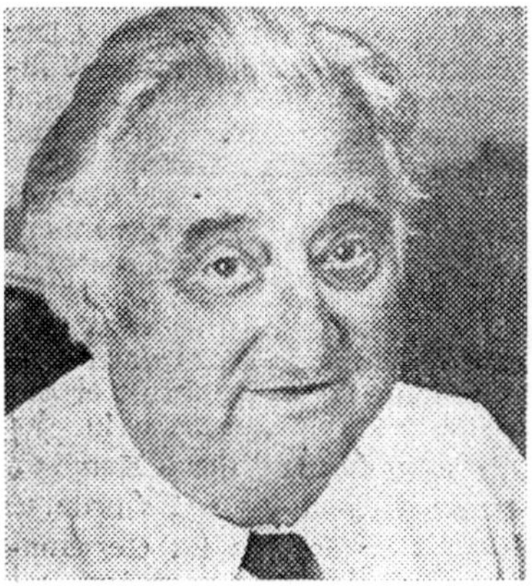

»Eigentlich war es ein Schularzt, der mich Anfang der Fünfziger Jahre auf den Gedanken brachte, Asthmakranke durch Gesang zu helfen. Denn bis dahin war ich ausschließlich Konzertsänger gewesen«, erinnert sich der weißhaarige Schubert-Liebhaber an die Anfänge seiner Tätigkeit als Gesangspädagoge.

»Inzwischen ist aus den ersten tastenden Versuchen, Asthmaleiden zu lindern, eine Methode geworden, die sich bisher bewährt hat.

Verraten oft Zwischentöne den Kern einer Sache, so spürt man hier die unerschütterliche Sicherheit, die überzeugt. Und das scheint die wesentliche Voraussetzung überhaupt zu sein. Fritz Jaegers Patienten, die alle mehr oder weniger zufällig zu ihm kamen, sind nämlich größtenteils sensibel oder seelisch labil. Da kann ein überfließendes, fast suggestives Sicherheitsempfinden Wunder wirken.

»Ich bin davon überzeugt, dass Asthma auch dadurch hervorgerufen werden kann, dass Kinder in zu frühem Alter intellektuell überbelastet wurden«, versucht er den Ausgangspunkt seiner Therapie zu umreißen. »Wichtig für meine Methode ist daher die Erfahrung, dass Atemvorgänge seelisch bedingt sind. Denn von Natur aus läuft der Atemprozess unbewusst ab.«

Dann kommt er zum Kernpunkt: »Versuchen Asthmatiker, die zu mir kommen, zu sprechen oder zu singen, so fehlt anfangs jegliche Verbindung zwischen den einzelnen Wörtern und Tönen. Auch ist häufig der Tonumfang sehr begrenzt. Beide Symptome führe ich auf eine psychische Störung zurück. Daher versuche

ich im Laufe der Behandlung, beide Mängel zu beheben. Reagiert der Patient auf diese Bemühungen, so ist das der erste Fortschritt«.
Seine Erfolge scheinen ihm recht zu geben. »Oft dauert es mehrere Monate, bis dem Patienten durch seinen Gesang gelingt, seine seelischen Kräfte zu aktivieren. Denn jeder psychische Heilungsversuch braucht seine Zeit.«
So kommen seine Gesangs-Patienten oft jahrelang zu ihm. Ein typisches Beispiel mag die jetzt neunjährige Klaudia sein, die bereits seit zwei Jahren in Behandlung ist. »Als wir durch einen Unfall hierher kamen«, berichtet die Mutter, »hatten wir überall versucht Wir waren sogar in der Kamilianer Klinik in Mönchengladbach gewesen– allerdings ohne Erfolg. So war dies hier mehr oder weniger unsere letzte Hoffnung gewesen.«
Der Erfolg? Die NRZ konnte sich selbst überzeugen. Die Aussagen der Mutter einst schwer asthmakranke Klaudia unterscheidet sich heute kaum noch von gleichaltrigen Kindern. Spielen, Radfahren und Turnen sind für sie heute geläufige Begriffe geworden.
Und Fritz Jaeger selbst? Will er mit seiner Arbeit weiterhin zurückgezogen bleiben? »Ich habe bisher versucht, Asthma, Stimmbandknoten und Stimmbandlähmung durch Gesang zu heilen«, stellt er fest. »Das werde ich auch weiterhin tun. Außerdem bin ich ja auch als Gesanglehrer voll beschäftigt. Hinzu kommt, dass ich jetzt an der Wuppertaler Volkshochschule zwei Kurse für Stimmbildung und Singen erteile. Über Arbeitsmangel kann ich also nicht klagen«.
Ein nicht alltäglicher Mann, dieser Fritz Jaeger. Er weiß, dass Musik viel bewirken kann. Darauf baut er.
U.F.
NRZ, vom 05.09.1970

Atmung
Atem – Leben

Eine gesunde, natürliche und richtig funktionierende Atmung, ist für jeden Menschen, jeden Alters, lebensnotwendig, sie wird vielfach als Therapie, in verschiedenen medizinischen Bereichen, eingesetzt. (Schlaffhorst-Andersen)

Durch die positive Beeinflussung des körperlichen und seelischen Wohlbefindens, trägt sie zur Gesundheitsförderung bei. Insbesondere für Sänger, ist sie, für die stimmliche Entwicklung, eine grundlegende Voraussetzung; aber ebenso für Schauspieler, Instrumentalisten, insbesondere für Bläser, für alle Berufe, in denen die Sprechstimme gezielt und bewusst eingesetzt werden muss. (Pädagogen, Pfarrer, Redner allgemein usw.)

Keine Frage wird mehr debattiert und diskutiert, unter den Gesangspädagogen und Gesangschülern, als die nach der »richtigen Atmung«.

Mir ist bewusst, es ist ein sehr heikles Thema, trotzdem möchte ich meine Erfahrungen und Erkenntnisse meiner langjährigen Gesangsausbildung, hiermit weitergeben.

Die Ausführungen über den Atemvorgang und die Funktion des Zwerchfells, kann ich nur aus der Sicht einer Nichtmedizinerin und Sängerin wiedergeben, die aber sicherlich ihre Richtigkeit haben.

Eine kurze Beschreibung eines Mediziners, ist nachzulesen in dem Buch »Biologie des Menschen«, von Dr.med. Klaus D. Mörike, Verlag Quelle & Meyer Heidelberg.

Die Atmung besteht aus einem bestimmten Rhythmus, aus Ein- und Ausatmung. Die Einatmung erfolgt durch die Nase, die Ausatmung durch den Mund. Die relativ kleinen Öffnungen der Nasenlöcher, erfordern eine erheblich größere Kraft der Eineinatmung, so dass das Zwerchfell stark aktiviert wird, es kommt somit zu einer gesunden Tiefatmung, während sich die Einatmung durch den Mund wesentlich oberflächiger vollzieht. Nur ein geübter Sänger ist in der Lage, auch durch den Mund tief zu atmen.

Die Einatmung lässt das Zwerchfell durch die Erweiterung des Brustraumes hinuntersinken, so entsteht eine **starke Spannung** des Zwerchfells, die Bauchorgane weichen nach außen aus. Die Bauchmuskelbewegung ist deutlich fühlbar, während die verursachende Tätigkit des Zwerchfells sowenig fühlbar ist wie das Zwerchfell selbst. Es steht mit der Zwischenrippenmuskulatur des unteren Brustkorbes in engster Verbindung, beide arbeiten gleichzeitig, so ist die Bewegung des Zwerchfells vervollständigt. Es saugt wie ein Kolben in einem Zylinder die Luft in den Brustraum hinein. Im Gegensatz zu diesen tiefliegenden Bewegungsvorgängen der Atmung, bewahrt der obere Brustkorb seine souveräne Ruhe.

Das Zwerchfell stellt gleichsam des Zentrum der Lebensbewegung dar.

Durch die Ausatmung steigt das Zwerchfell wieder nach oben und es ist somit wieder entspannt. Es besteht also ein steter Wechsel zwischen Spannung und Entspannung.

Durch das Zwerchfell zieht das sogenannte **Sonnengeflecht** *(Plexus solaris),* das System miteinander verbundener sympathischer Nervenknoten, die auf bestimmte Empfindungen, seelische Vorgänge, ausgelöst durch die Erregungen der Sinnesorgane über das Bewusstsein, reagieren.

Schon die Griechen betrachteten das Zwerchfell als den Sitz der Seele, der Sitz der Sängerseele ist es ganz gewiss. Im Zusammenhang mit bestimmten Vokalübungen lässt sich erklären, dass man von einer seelischen Aktivierung des Zwerchfells sprechen kann.

Für die richtige Atmung ist die aufrechte und gerade Haltung des Körpers sehr wichtig.

Die alten Italiener forderten die Haltung vom Sänger mit den Worten »**come una statua**«, (wie eine Statue). Trotz aufrechter Haltung, darf der Körper nicht verspannt sein. Bei einem starken Hohlkreuz, ist das Zwerchfell in seiner Tätigkeit behindert.

Das berühmte Wort **Appoggio**, dass in der deutschen Gesangssprache mit **Stütze** nur unvollkommen übersetzt ist, beruft sich zunächst auf die Doppelvorschrift der altitalienischen Gesangsmeister:

appoggiarsi in petto und **appoggiarsi in testa**
(sich in die Brust lehnen und sich in den Kopf lehnen)

Das echte Appoggio bedeutet also nicht allein atemmäßig die ideale Stütze, als welche es meist gedacht wird, sondern es bedeutet außer **Stützen auch Anlehnen.** (Frau Martienßen-Lohmann)

Durch den letzteren Begriff, nämlich **Anlehnen**, wird der Begriff des Appoggio wesentlich klarer, als die Bezeichnung **Stütze**, welche viel Verwirrung angerichtet hat.

Das Wort bedeutet somit ein Zusammenwirken des inneren, seelischen Geschehens, welches sich in der Atmung auswirkt, und dem äußeren Geschehen, der Resonanz.

Unter Resonanz ist zu verstehen, das Schwingen des gesamten menschlichen Knochenbaues, also nicht nur des Kopfes.

Ergänzend zum **Sonnengeflecht (Plexus solaris),** sind amerikanische Wissenschaftler zu interessanten Erkenntnissen gekommen**,** hierzu ein Zeitungsartikel der WZ:

Signale aus dem Bauch heraus
Amerikanische Wissenschaftler: »Zweites Gehirn« steuert Gefühle

New York (dpa). *Gefühl und Intuition werden nach Erkenntnissen mehrer Forscherteams von einem*
Nervengeflecht im Bauch mitgesteuert. Das sogenannte »Bauchhirn« besitze in rund 100 Milliarden Nervenzellen, die den Verdauungstrakt umhüllen, mehr dieser Zellen als im Rückenmark stecken.
*Das »***zweite Gehirn***« speichere auf unbewusste Weise Köperreaktionen bei psychischen Prozessen. Diese Botschaften des Bauches würden bei Bedarf abgerufen und vermeintlich rationale Entscheidungen eines Menschen beeinflussen. Dieses Nervensystem arbeite autonom und sende zudem vielmehr Signale hinauf zum Kopfhirn, als es umgekehrt von diesem empfange.*
Das Bauchhirn könne aber auch erkranken und Neurosen entwickeln, sagt Michael Gershorn von der Columbia Universität in New York. Er hat das **«zweite Gehirn”** *wieder entdeckt, nachdem es jahrzehntelang in Vergessenheit geraten war. Nach seinen Erkenntnissen werden 95 Prozent des Nervenbotenstoffs Serotonin im Bauchhirn produziert. Mit einem Vortrag bei einem Neurologen-*

Kongress im amerikanischen Cincinnati habe Gershorn 1981 die Forschung zum Bauchhirn neu angestoßen.
Heute arbeiten weltweit Teams daran. Mehrere Forscher sehen in Fehlfunktionen dieses Nervensystems die Ursache für weit verbreitete Leiden wie das Reizdarm-Syndrom oder Morbus Crohn. Zudem könnte es bei Angstpsychosen und Depressionen eine Rolle spielen. Instinktiv haben Ökonomen die Bedeutung der Millionen Nervenzellen in der Mitte des menschlichen Körpers bereits erkannt: »Höre auf Deinen Bauch«, heißt es in Manager-Kursen. Börsenmakler werden nun angehalten, ihre Entscheidungen »aus dem Bauch heraus« zu optimieren.

»Die Seele ernährt sich von dem, woran sie sich erfreut«
(Hl. Aurelius Augustinus (354-430)

Rhythmik
Musik – Bewegung

Rhythmus ist der ineinandergreifende Wechsel von Spannung und Lösung, der uns in der Natur und in allem Lebendigen begegnet.

Die »**Rhythmische Erziehung**« hat sich diesen Wechsel von Spannung und Lösung zum Arbeitsprinzip gemacht.. Der Begründer dieser Arbeitsweise war der Genfer Musikpädagoge Emil Jaques Dalcroze. Er begann etwa in den Jahren 1905/06 mit seinen Schülern im Gehörbildungsunterricht Rhythmen zu gehen und zu klatschen, um die ermüdende Arbeitsweise im Sitzen zu beleben. Durch den Erfolg aufmerksam geworden, begann er, diese rhythmischen Übungen mit seinen Schülern auszuweiten. Er entwickelte eine Methode der Musikerziehung, in der er alle Vorgänge in der Musik durch die Körperbewegung wiedergeben ließ.

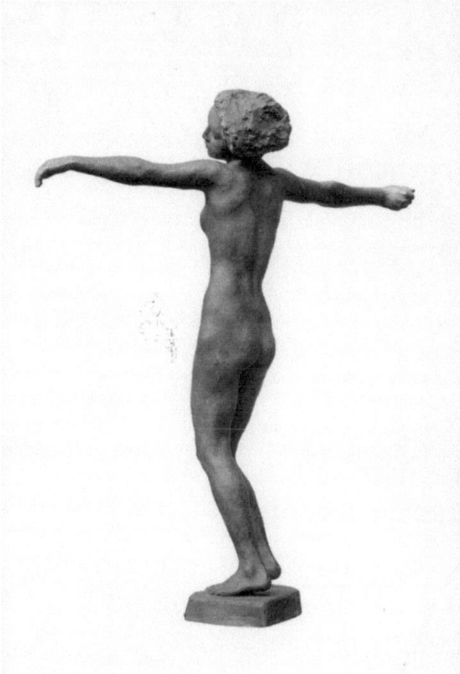

Die Arbeitsweise und die Anwendungsgebiete haben sich im Laufe der Jahre so erweitert, dass sich ein eigenes Hauptfach »**Rhythmische-musikalische Erziehung**« daraus entwickelt hat, in dem die Musik als Eindruck der Bewegung als Ausdruck gegenüber gestellt wird, das heißt, alles, was zur Musik gehört, erscheint übertragen in der Bewegung und umgekehrt. Dies geschieht in erster Linie aus pädagogischen Gründen, kann sich aber bei entsprechender Begabung bis zu künstlerischen Formen steigern.

Einerseits ist hierzu eine Verfeinerung der Sinnesorgane, vor allem des Gehörs, erforderlich, andererseits eine Steigerung der Wiedergabefähigkeit durch die Bewegung als Ausdruckmittel. Das Übertragen des Eindruckes in die Bewegung, erfordert zudem eine erhöhte Konzentration, rasches Reagieren, schöpferisches Denken, (denn das Gehörte muss neu geformt werden bei der Wiedergabe) Entscheidungsfähigkeit, Selbständigkeit und vieles andere mehr.

All diese Anforderungen lassen den Wert, nicht nur für die Musikerziehung, sondern für die gesamte Pädagogik, erkennen. **Der Mensch wird in seiner Gesamtheit gefordert und gefördert.**

Der Gewinn des Rhythmikunterrichtes darf nicht in einem augenblicklichen Lernergebnis gesucht werden. Er macht sich auf weitere Sicht im Verhalten des Kindes/Erwachsenen bemerkbar. Das organische Wachsen ist von Wichtigkeit.

Wie schon erwähnt, gibt es seit 1925 eine Staatl. Privatmusiklehrerprüfung mit dem Hauptfach »**Rhythmische Erziehung**«. Nach den neuesten Recherchen, wird das Studienfach an den Musikhochschulen leider nicht mehr angeboten, nur noch als Nebenfach. Ob es als Nebenfach inhaltlich ebenso umfangreich gelehrt bzw. vermittelt wird, entzieht sich meiner Kenntnis.

Rhythmik in der Heilpädagogik

Die Rhythmik ist ein pädagogisches Unterrichtsprinzip, sie ist in der Heilpädagogik von unersetzlichem Wert.

Durch eine gezielte Sinnes- und Bewegungsschulung kann sie eine Rehabilitierung und Erziehung der behinderten Menschen, wie z.B. bei geistig Behinderten, Lernbehinderten, Körperbehinderten, Sehbehinderten (Blinde), Gehörlose, Autisten, um nur einige zu nennen, unterstützen.

Durch Musik und Bewegung können Selbstvertrauen, Selbständigkeit, Konzentration, Kommunikation, Einfühlungsvermögen, Reaktionsvermögen, soziales Verhalten, Sensibilisierung der Sinnesorgane, geschult und somit weiterentwickelt werden.

Die einzelnen Themen bzw. Zielsetzungen, können Schwerpunkte innerhalb einer Rhythmikstunde sein, sind aber oftmals nicht voneinander zu trennen, ebenso sind sie der jeweiligen Behinderungsart angepasst.

Weitere allgemeine heilpädagogische Betrachtungen

Autisten – Autismus

Der Name wurde von E. Bleuler als Bezeichnung für den Verlust des Kontaktes mit der Wirklichkeit in die psychiatrische Literatur eingeführt. Der Bezug auf das Selbst (autos) ist stärker als der zur Wirklichkeit. Autismus ist ein Grundsymptom der Schizophrenie, gekennzeichnet durch mangelnden Realitätsbezug des Denkens, der Wahrnehmung und des Handelns. Das autistische Denken des Schizophrenen ist zerfahren, nicht logisch, widerspruchsvoll, nicht an der Außenwelt orientiert und kontrolliert.

Autistisches Denken bei Kindern

Es ist nicht realistisch, affektiv (gefühlsbetont), phantastisch-irreal (Wunschdenken). In der Entwicklungspsychologie wird es als Phase bei Kleinkindern angesehen (Egozentrismus). Unfähigkeit zu affektiven Kontakten blockiert die Beziehung und Bindung an Personen und Objekte.

Symptome:

Mimische Leere und Starrheit; kontaktloser, häufig zielloser Blick; bei altersentsprechend differenzierter
und oft geschickter Motorik Bewegungsstereotypen; Fixierung an Einzelobjekte, zwanghafte Funktionsbetätigung, verspätete und gestörte Sprache.
Die gemütsarmen, kontaktgestörten autistischen Psychopathen zeigen die Symptome des frühkindlichen
Autismus in abgeschwächter, aber doch charakteristischer Form.
Autismus hat verschiedene Ätiologien (Lehre von Ursachen, insbes. Krankheiten)
Heilpädagogische Maßnahmen:
Intensive gleichförmige Reize, Bezug zu Gegenständen, zu Einzelpersonen, Kontaktaufbau,
Sprachbehandlung.

(Lexikon der Pädagogik, Herder, Freiburg 1970)

Rhythmische Zeichnung – Raumaufteilung in »Geraden«
gezeichnet B. Manns 1968

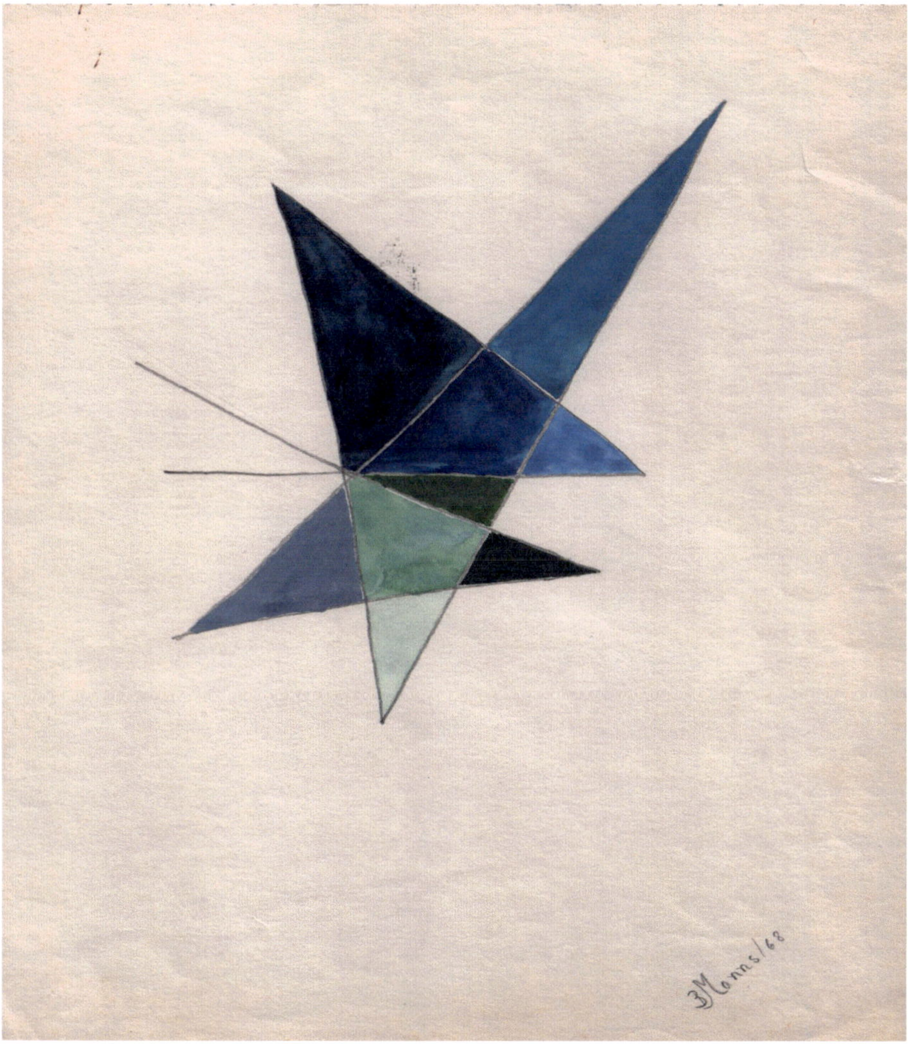

Rhythmische Zeichnung – Gegensätze: Rund und Eckig

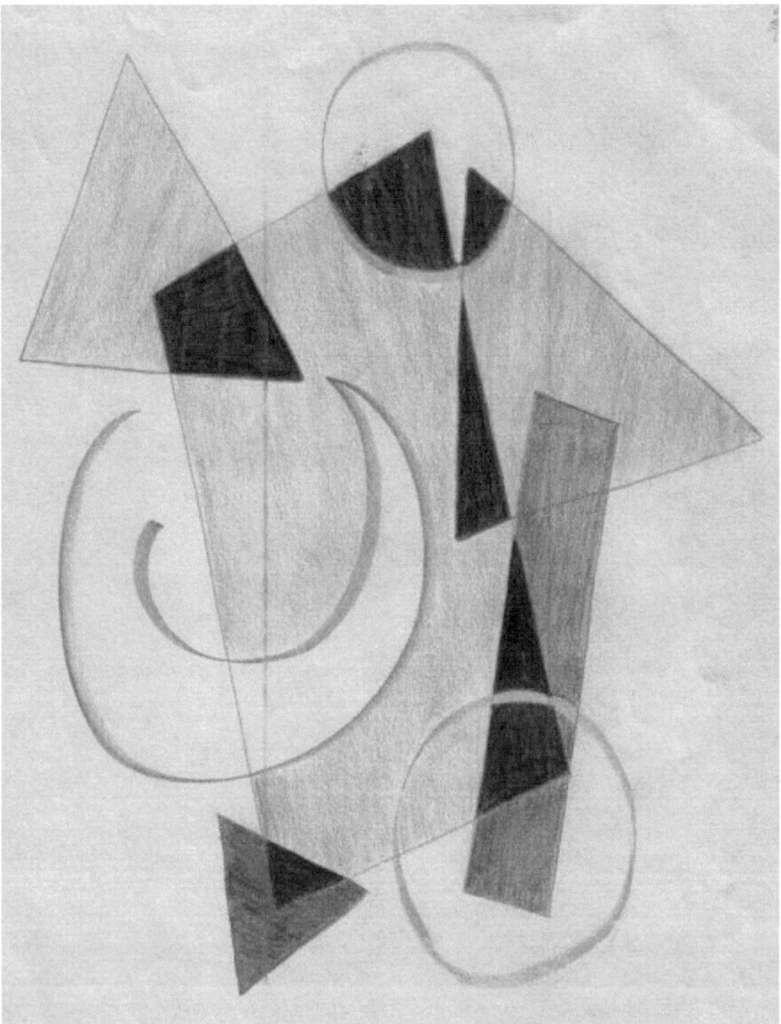

Unterricht in der Musikschule

Im Sommer 1965 wurde die Jugendmusikschule gegründet; ca. 1968 entschloss sich die Stadt Wuppertal, auch das bis dahin private Konservatorium zu übernehmen und mit der Jugendmusikschule zum Bergischen Konservatorium Wuppertal zu vereinigen.

> *»1972 entwickelte sich eine Struktur, die sich bis heute in besonderem Maße bewährt hat. Anfang der 70er Jahre fasste die nordrhein-westfälische Regierung den Entschluss, alle Konservatorien zwischen Rhein und Weser aufzulösen, eine Maßnahme, von der auch das »Bergische Konservatorium Wuppertal« nicht verschont blieb. Dieses Institut fand seinen berufsbildenden Zweig umgewandelt zum Institut Wuppertal der Staatlichen Hochschule für Musik Rheinland, welches an die Musikhochschule Köln gekoppelt war. Der »Rest« , die Jugendmusikschule unter Einbeziehung »Erwachsener Laien« und des Jugendorchesters, verblieb in der Obhut der Stadt Wuppertal als »Bergische Musikschule«. Der gemeinsame Stamm von Musikschule und Musikhochschule hat nicht nur entscheidenden Einfluss auf die Bereicherung d Wuppertaler Musiklebens genommen, sondern er hat auch zu einer Ausbildungsmöglichkeit für bestimmte Studenten geführt, die in der gesamten Bundesrepublik Modellcharakter hat.«*
> WZ Do., 1. Oktober 1987 (Arndt Richter)

Von 1968 – 1972 absolvierte ich ein Musikstudium am damaligen Berg. Konservatorium/Musikhochschule, mit den Fächern Rhythmik, Klavier und Blockflöte.

Nach bestandenem Musiklehrerexamen, nahm ich meine erste hauptamtliche Tätigkeit als Musiklehrerin an der Musikschule Düsseldorf auf. Da der tägliche Weg nach Düsseldorf sehr zeitaufwendig und kräfteraubend war, in dem ersten Jahr unterrichtete ich in einer Woche in sechs verschiedenen Zweigstellen der Musikschule, freitags in zwei verschiedenen Schulen, bewarb ich mich 1974 an der Bergischen Musikschule, Wuppertal, und bekam sofort wieder eine hauptamtliche Stelle. Neben meiner hauptamtlichen Tätigkeit, war ich von 1977 bis 1992 ehrenamtliche Vorsitzende des Deutschen Tonkünstlerverbandes, Bezirksverband Wuppertal. Nach einem berufsbegleitenden Fortbildungslehrgang 1985/86, »Instrumentalspiel mit Behinderten und von Behinderung Bedrohten«, gründete ich 1991 das Musikensemble »Regenbogenmusikanten«, in dem geistig behinderte und nicht behinderte Jugendliche sowie Erwachsene gemeinsam musizieren, führte es zum Erfolg, wie die vielen öffentlichen Konzerte, mit sehr positiven Resonanzen (Interviews in Radio Wuppertal u. WDR Fernsehen) bewiesen haben.

Seit dem Beginn meines Vorruhestandes 2000, führte ich das Ensemble ehrenamtlich weiter, welches ich leider 2006 auflösen musste, da kein professioneller Nachfolger/in gefunden wurde.

Näheres hierzu später!

Die Palette der Fächer, die ich unterrichtete, war sehr groß, Grundkurse, Instrumentalunterricht – Blockflöte und Klavier mit Behinderten und Nichtbehinderten, Akkordeon kam später hinzu. Apropos Akkordedon … eine Blockflötenspielerin fragte nach der Möglichkeit, Akkordeon zu lernen, ich dachte, warum soll ich`s nicht mal versuchen, aufgrund meiner vorausgegangenen Erfahrungen; nachdem ich »grünes Licht« von der Musikschulleitung erhielt, war ich ganz schnell »drin« – und es machte mir großen Spaß. Es sollte nicht unerwähnt bleiben, dass ich in den Jahren privat einen Kinderchor gründete und diesen 8 Jahre leitete.

Er war eine große Bereicherung in den vielen Musizierabenden, die ich ein- oder zweimal, mit fast allen meinen Schülern (d.h. einschließlich der Grundkurse) in der Kothener Aula veranstaltete.

Was einem Abend an Arbeit vorausgeht, welches Engagement der Lehrer haben muss, um die Kreativität der Kinder zu wecken und ihren Schwung in die richtigen Bahnen zu lenken, ist unermesslich.

Selbst mein Hobby, das Malen, die Veranlagung ist mir ebenso in die »Wiege« gelegt worden wie die Musik, war mir eine große Hilfe zur Ausgestaltung der Abende. Kulissen malen, Kostüme entwerfen, Perücken kleben usw., machte ich mit viel Liebe und Freude zu Sache. Die »Requisitenkammer« in meinem Keller war über die Jahre hin immer voller geworden.

Das Akkordeon hatte zu Beginn meines Gesangstudiums keine Bedeutung mehr für mich, ich ließ es wie eine »heiße Kartoffel« fallen. Nun, inzwischen hatte sich die Situation geändert. Das Akkordeon war für mich wieder zu einem favorisierten Instrument geworden.

Hier eine kleine Hommage für das Akkordeon, das von mir zeitweilig so geschmäht und verachtet wurde.

Liebeserklärung an ein verkanntes Instrument

So der Titel der 1977 entstandenen Komposition für Akkordeon-Solo des Komponisten Diether de la Motte.

Das Akkordeon, eines der meistgespielten Instrumente überhaupt, wurde im Verlauf seiner Entwicklung vielfach belächelt, nicht als vollwertiges Instrument anerkannt und ihm somit eine große Intoleranz entgegengebracht. Jedoch hat es die Anfechtungen schon seit langem überstanden und seit vielen Jahren wieder an Popularität gewonnen.

Das Akkordeon ist ein Musikinstrument, dessen Ausdrucksfähigkeit die Bedingungen für künstlerisch orientierte Musik und für eine Erziehung zur Musik erfüllt, die bis zum Musikhochschulstudium führen kann. Die Geschichte der künstlerisch originalen Musik für Akkordeon währt weit 1927, als Hugo Herrmann auf Anregung von Direktor Ernst Hohner die erste Original-Komposition für Akkordeon schrieb »Sieben neue Spielmusiken«. Somit wurde der Grundstein zu einer ständig wachsenden eigenständigen Literatur gelegt. »Die Kultivierung des Akkordeons als Musikinstrument ist nicht nur eine Frage des Spielgutes, der Literatur, sondern – ebenso wichtig – eine Frage eigenständiger instrumenteneigener Spielweise.« (Dr. Armin Fett)

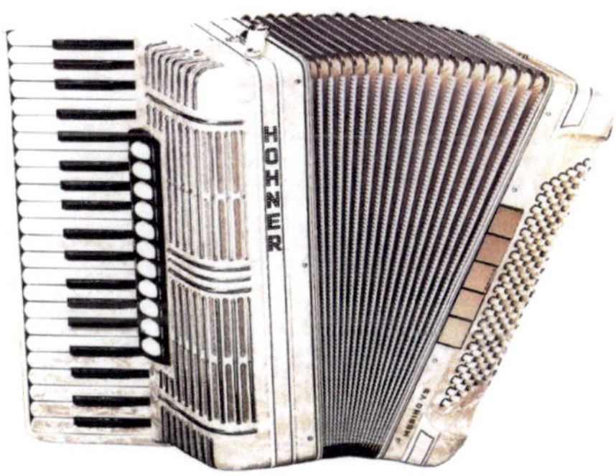

Die Akkordeon-Literatur umfasst eine Musik der unterschiedlichsten Stilrichtungen (Originalkompositionen/Bearbeitungen), von der Volksmusik bis zur Unterhaltungsmusik, vom Barock bis zur Klassik bis hin zu zeitgenössischen Kompositionen, also eine Literatur für jeden musikalischen Geschmack.

In den 80ziger Jahren nahm ich an einem Wochenendseminar an der Musikhochschule in Hannover teil, Akkordeon-Klasse von Frau Prof. Moser. Ich war begeistert, von der vielseitigen und anspruchsvollen Literatur, die wir in Form eines Konzertes zu hören bekamen. (Barock, Klassik, bis zur zeitgenössischen Musik) Diese Literatur kann aber nur auf Spezialinstrumenten gespielt werden, wobei durch ein 2- oder 3reihiges Einzeltronbasswerk (sog. Baritonbässe) das Melodiespiel erweitert wird.

Das Spielen in einem Akkordeon-Orchester wurde grundsätzlich abgelehnt, da der Spieler linksseitig »amputiert« ist (Bässe). Die Bässe, meistens bei einem »Standard« Akkordeon, werden in einem Orchester durch spezielle Bassinstrumente ersetzt, dies kann ich aus eigener Erfahrung bestätigen, da ich selber einige Jahre hintereinander in zwei verschiedenen Akkordeon-Orchestren gespielt habe.

Welche Bedeutung hat die Musik in der Erziehung?

> *«Musik bedeutet stets etwas, Musik hat stets einen Sinn, mit dem sie verbunden ist. Das ist das Primäre ihrer Erscheinung. Es gibt keine Musik ohne Bedeutung. Die Bedeutung ist das, was der Musik anhaftet, was sie mitteilt, was sie spricht und damit vermittelt. Jede Musik hat Bedeutungscharakter.«*
> (K.H.Wörner)

Musikerziehung fördert die Persönlichkeitsbildung, durch die Vermittlung musikalischer Kenntnisse und der systematischen Entwicklung musikalischer Fähigkeiten und Fertigkeiten, primär im Instrumentalunterricht, werden Kreativität, Sensibilisierung, Einfühlungsvermögen, Konzentration, emotionale Stärke, Lebensfreude, soziales Verhalten, entwickelt und gefördert.

Sie reicht von der musikalischen Vorschulerziehung und Instrumentalunterricht an Musikschulen, allgemeinbildenden Schulen, Einrichtungen der Erwachsenenbildung, Fachausbildung an Musikhochschulen sowie den musikwissenschaftlichen Fachbereichen der Universitäten.

Musik hat immer schon die Menschen begleitet!

In allen Zeiten und Kulturen wurde nie in Frage gestellt, dass die Musik einen positiven Einfluss auf die Verhaltensweisen Einzelner oder ganzer Gruppen hat.

Schon im alten China war die Musik allen Bereichen des Lebens zugehörig. Sie genoss dort höchstes Ansehen.

Wenn Confucius (551 – 479 v. Chr.) sprach: ***»Moral und Musik bestimmen das Leben der Gemeinschaft«***, so war das seinerzeit durchaus wörtlich zu verstehen. Er bestätigte damit eine Auffassung, die bereits Jahrtausende vor ihm in seinem Lande gültig war.

Mag die damalige chinesische Musik auch für immer verklungen sein, kam man bereits um die Jahrhundertwende (1900) zu der Erkenntnis, dass ein reges Musikleben und eine gesunde Musikpflege in Staat und Gemeinden nur gedeihen kann, wenn eine tiefgründige ***Erziehung durch und zur Musik*** voraus-und nebenher geht. Seitdem sind die Worte ***Musikerziehung und Musikpflege*** nicht mehr zu trennen.

Besonders in unserer heutigen schnelllebigen Zeit, in der die materielle Denkungsweise bei den meisten Menschen i, Vordergrund steht, ist es Aufgabe der Pädagogen, die geistigen, physischen und psychischen Kräfte des Menschen zur Entfaltung zu bringen, wobei besonders die Musik als Medium einsetzbar ist.

Musik ist die einzige Sprache, bei der man nicht lügen kann, oder wer nichts mit Musik zu tun haben will, dem fehlt eine wichtige Dimension zum Leben! So sagt ***Nietzsche*** »Ohne Musik wäre das Leben ein Irrtum«.

Musikunterricht

In einer musikalischen Familie wird schon früh bei den Kindern die Begeisterung für die Musik geweckt.

Schon bald entsteht der Wunsch, selber ein Instrument zu erlernen. Das Üben ist manchmal sehr lästig und störend, aber wenn das erste Erfolgserlebnis sich einstellt und die ganze Familie gemeinsam musiziert, macht auch das Üben mehr und mehr Spaß. Aber nach meinen Erfahrungen zu urteilen, wird in den wenigsten Familien Hausmusik betrieben. Trotzdem sollten Eltern auf jeden Fall ihre Kinder an die Musik heranführen, aus den Gründen, die ich vorab erwähnte. Wir können davon ausgehen, dass es keinen unmusikalischen Menschen gibt. Die Voraussetzungen bzw. Veranlagungen und Temperamente sind natürlich sehr unterschiedlich. Kein Musikpädagoge kann im voraus wissen, inwieweit sie sich entwickeln lassen. Es ist manchmal erstaunlich, welche musikalischen Talente ans »Tageslicht« kommen. Auch wer nicht singen kann, ist nicht unmusikalisch. Wie oft kamen Eltern zu mir und sagten: Ich bin vollkommen unmusikalisch, ich kann nicht einen Ton nachsingen«

Die Pädagogen, die den Schülern solche Minderwertigkeitskomplexe anerzogen haben, waren nach meiner Meinung, in dieser Hinsicht, schlechte Pädagogen, vielleicht beruhte die Beurteilung auf Unwissenheit oder es war ihnen zu lästig, sich intensiver mit den Schülern zu befassen.

Die sogenannten »Brummer« wurden zum Schweigen verurteilt. Fest steht, wenn kein organischer Fehler vorliegt (Schädigung des Gehörs) kann das Singen geübt werden. Das Singen ist, so wie die Atmung, **ein seelischer Vorgang**. Der Gesang ist die primäre Ausdruckskraft des Menschen. Singen ist ein elementarer Lebensausdruck.

Auch ein Instrument hat eine »Seele«, die nur der richtige Musiker zum Klingen bringt!

Ich erinnere mich an Burkhard, er war in meinem Grundkurs, sehr verhaltensauffällig und ein »Brummer«.

Es war in der Zeit, als ich mich bemühte, einen Kinderchor aufzubauen. Nach dem Unterricht übte ich mit Burkhard einige Male, Töne und Melodien zu singen, (er war damit einverstanden).

Ich wollte herausfinden, welches Problem hinter sein »Brummen« steckte. Offensichtlich machte ihm das Singen immer mehr Spaß, vielleicht auch durch die ganz persönliche Zuwendung, die er zu Hause nicht bekam. Irgendwann sagte er mir, dass seine ältere Schwester von seinen Eltern bevorzugt wurde, das habe ich aber nicht hinterfragt, beide Eltern waren Pädagogen, dazu kein Kommentar.

Nun, es war erstaunlich, seine Stimme entwickelte sich zu einem hellen Sopran, er war bis zu seinem Stimmbruch in meinem Kinderchor. Für mich war das der Beweis, dass hier ein seelisches Problem zugrunde lag. Zwischenzeitlich telefonierte ich mit dem Vater, er sagte mir, Burkhard würde immer mit Freude zu den Chorproben gehen.

In der **rhythmisch musikalischen Erziehung** (Rhythmik – Musik u. Bewegung) ist zu beobachten, dass das Vorschul- bzw. Schulkind immer über die Motorik auf akustische Reize reagiert.

Die Musik muss daher handelnd erlebt werden. Verschiedene Bewegungsarten wie z.B., Gehen, Laufen, Hüpfen, stehen im Vordergrund. Um die Phantasie anzuregen, sollten die Bewegungen durch bildliche Vorstellungen vermittelt werden, also, es kommt immer auf die »Verpackung« an, die der jeweiligen Altersstufe angepasst sein sollte. Das Kind verwandelt sich gedanklich z.B. in ein Auto oder Tier, und unterscheidet unbewusst langsam – schnell (allegro-lento). Die motorischen Bewegungen werden allmählich innerhalb der Gemeinschaft (Gruppenunterricht) in eine gewisse Ordnung gebracht.

Die Bewegungen sind im ersten und zweiten Schuljahr **großmotorisch** und gehen allmählich in die **Feinmotorik** über. Das Empfinden musikalischer Elemente werden immer mehr v erinnerlicht und somit auch der Klangsinn entwickelt. Da die Empfindungen beim jüngeren Schulkind noch nicht über das Bewusstsein erfolgt, bietet die Bewegung die beste Möglichkeit, die Musikalität zu entwickeln und zu entfalten.

Es ist zu empfehlen, **vor jedem Instrumentalunterricht** einen Kurs für **musikalische Früherziehung** (Vorschulkind) bzw. **Grundkurs** (Schulkind) zu besuchen. Sicher gibt es Ausnahmefälle, bei einer außergewöhnlichen Begabung des Kindes wäre zu überlegen, gemeinsam mit einem **professionellen Musikpädagogen**, ob dies erforderlich ist; der Entwicklungsstand der Kinder ist immer sehr unterschiedlich.

Nach meinen Erfahrungen müsste ein **Rhythmikunterricht** parallel zum Grundkurs angeboten werden oder sogar obligatorisch sein, um das rhythmische Gefühl, das musik. Gehör, manuelle Geschicklichkeit, die Feinmotorik, Koordination von rechts und links, Sensibilität u.v.m., auf spielerische Weise weiter zu entwickeln oder Defizite auszugleichen. So wären die besten Voraussetzungen für den anschließenden Instrumentalunterricht geschaffen.

Die Auswahl eines Instrumentes richtet sich immer nach den körperlichen und musikalischen Gegebenheiten. Es ist oft eine schwierige Gradwanderung, dem Wunsche des Kindes oder den Vorstellungen der Eltern zu entsprechen. Viele Eltern neigen manchmal dazu, das Talent ihres Kindes zu überschätzen oder möchten sich in ihrem Kind verwirklichen, d.h., wenn sie in ihrer Jugend von ihren Eltern gezwungen wurden, das Spielen der Geige zu erlernen, aber lieber Klavierunterricht haben wollten.

Ich erinnere mich an eine Schülermutter, die mir gegenüber genau das zum Ausdruck brachte. Patrick, ihren Sohn, hatte ich im Klavierunterricht und er war für dieses Instrument vollkommen ungeeignet; den Bruder Phillip hatte ich später im Grundkurs; in einer Unterrichtsstunde sagte er zu mir:

Du, der Patrick hat doch bei dir Klavierunterricht, ja, antwortete ich, sein trockener Kommentar war, aber spielen kann der nicht! Wie Recht er hatte! Phillip war überhaupt ein lustiger »Kauz«.

In einer Unterrichtsstunde ließ ich zu einem vorher gesungenen Lied ein Bild malen, um mir einen Einblick in die kleinen Kinderseelen zu verschaffen bzw. wie sie das Gehörte innerlich kompensierten, Philipp fragte ich: Warum sieht dein Mond am Himmel so blass aus? Er antwortete mir, dem ist schlecht weil er so allein am Himmel steht!

Schwer zu sagen, was in seinem Inneren vorging, aber man sollte auch nicht zu viel hinein interpretieren. Er versicherte mir später, dass er nie ein Instrument lernen möchte; sein Bruder war auch kein gutes Vorbild!

In meinen Unterlagen fand ich einen interessanten Zeitungsartikel, leider kann ich nicht mehr sagen, wann und in welcher Zeitung dieser Artikel erschienen war. Er berichtet, welche therapeutische Auswirkung das »**Klavierspiel**« für den Menschen hat.

Hier der Bericht:

> **»Gehirnjogging«**
> ***Klavierspieler leben länger***
> *«Immer wieder ist es erstaunlich, wie große Pianisten alt werden und ihre Leistungskraft dabei erhalten. Nun hat Prof. Dr. Wildor Hollmann, Präsident des Deutschen Sportärztebundes und Präsident des Weltverbandes für Sportmedizin an der deutschen Sporthochschule Köln herausgefunden, dass regelmäßiges Klavierspiel das Leben verlängern kann, weil mit dem Noten lesen und der Übertragung auf die Finger das Gedächtnis ideal trainiert wird. Als* **»Gehirnjogging«** *reicht nach Hollmann jeweils eine halbe Stunde am Vormittag und am Nachmittag aus, um durch das Klavierspiel das Gehirn intensiv anzuregen. Zusammen mit dem Max Planck-Institut für Hirnforschung in Köln hat Hollmann ermittelt, dass die zehn Finger des Menschen im menschlichen Gehirn in sechzig Prozent von dessen Oberfläche repräsentiert sind. Die Untersuchung von lokalen Hirnabschnitten ergab, dass einfache Fingerübungen die lokale Hirndurchblutung zwischen fünf und 15 Prozent im Vergleich zur Ruhedurchblutung verbessern können.*
> *Regelmäßig Klavier spielen: Gehirn-Jogging und damit eine wirkungsvolle Musiktherapie!*

Leider eignet sich nicht jeder für das Klavier und es kann auch nicht jeder das Klavierspiel erlernen, da gibt es sicherlich auch noch andere Möglichkeiten, aber ganz gewiss ist, dass durch das Erlernen eines anderen Instrumentes, ebenso das Ziel einer Musiktherapie erreicht werden kann.

Abschließend möchte ich noch von einem ganz besonderen Schüler berichten, der einzige, innerhalb meiner 30jährigen Unterrichtstätigkeit. Ich bin davon überzeugt, dass er nichts dagengen einzuwenden hat, wenn ich seinen Namen nenne. Es war Marc Baggen. Er durchlief den normalen musikalischen Werdegang in der Musikschule; ich hatte ihn im Grundkurs, Blockflötenunterricht, Klavierunterricht. Da die Warteliste für Klavierunterricht sehr lang war in der Musikschule, er war schon angemeldet, unterrichtete ich ihn ein halbes Jahr zu Hause.

Als ich eines Tages zu ihm nach Hause kam, sträubte er sich mit Händen und Füßen, im warsten Sinne des Wortes, er wollte absolut nicht mehr Klavier spielen. Die genauen Gründe für diese Aggressionen kann ich nicht mehr nachvollziehen. Für die Eltern ist es manchmal sehr schwer, die richtige Entscheidung zu treffen, die man auch den Eltern überlassen sollte, da sie ihr Kind besser kennen als der Lehrer.

Nun, die Eltern entschieden sich, dass ich ihn weiter unterrichten sollte. Wie gut und richtig diese Entscheidung war, zeigte sich im Laufe der Unterrichtsjahre. Seine Eltern und ich waren erstaunt, über seine positive menschliche und musikalische Entwicklung.

Zu dieser Zeit hatte ich den Kinderchor. Marc war bereit, die gesamte Chorliteratur einzustudieren und den Chor in den vielen Schülerkonzerten, die immer ein- oder zweimal im Jahr stattfanden, (Sommer-Weihnachtszeit) musikalisch am Klavier/Flügel zu begleiten.

Auch das gemeinsame Musizieren mit anderen Schülern blieb ihm vorbehalten. Er war äußerst zuverlässig und gewissenhaft, kam immer pünktlich zu den Generalproben und Konzerten.

Marc hatte ich bis zu seinem Abitur im Klavierunterricht!

Nach seinem Abitur wollte er Koch werden, aber die höhere Laufbahn. Sein Vater besorgte ihm noch eine Lehrstelle in einem Hotel in Düsseldorf. Kurz darauf verstarb sein Vater 1986 unverhofft.

Für ihn war es ein ganz großer Verlust! Einige Jahre hörte ich nichts mehr von ihm, aber eines Tages bekam ich einen Brief aus USA. Nichts ahnend, wer mir diesen Brief wohl schreiben würde, kaum zu glauben, er war von Marc.

Hier sein Brief:

14.Nov.98
»Liebe Frau Manns,
ja, wie fange ich an? Ehrlich gesagt – ich habe immer noch kein eigenes Klavier, was ich sehr bedaure, aber sobald wir eigene Scholle haben, geht´s damit sicher auch weiter. Was ich allerdings wohl mach ist, »Junge geistliche Musik«. Im meiner deutschen Heimatgemeinde habe ich einen eigenen Jugendchor ge-

gründet – ich leite, spiele Klavier – meine Frau (seit 1997) Barbara, macht die Stimmbildung, (sie selber nimmt Gesangstunden) – wir sind ca. 15-20 junge Leute, haben E-Bass, Schlagzeug, Gitarren, Violine, Querflöte und von Zeit zu Zeit auch Klarinetten. Es macht allen Riesenspaß!!
Und auch die Gemeinde (bei Stuttgart) hat schon lange auf frische, junge Musik gemacht. Überhaupt habe ich immer in Chören gesungen, Kongas gespielt, Klavier gespielt – alles immer in Kirchengemeinden mit »Junger geistlicher Musik«.
Es ist Zeit zu sagen, dass Sie ohne Zweifel dazu die Basis gelegt haben – habe ich bei Ihnen doch musikalisch Gehen, Laufen, Joggen, Wettlaufen… gelernt. Danke sehr!
Wie ich nun auf all das komme? Ein Mädchen aus meinem Chor hat mich kürzlich gefragt, wie lange ich eigentlich schon Klavier spiele. Nach kurzer Rechnung kam ich auf ein **Silberjubiläum** *– kaum zu glauben:* ***25 Jahre!*** *(Ich bin jetzt 33 Jahre) Ja, und das – dachte ich– ist doch ´mal ein Brief an meine liebe Klavierlehrerin wert. (Er wäre es natürlich auch ohne das Jubiläum!*
Leider muss ich den Chor für 2-3 Jahre drangeben. Meine Firma »Knorr« (Suppen und Saucen) hat mich für diese Periode zur Mutterfirma »Bestfoods« nach Amerika transferiert, und so habe ich schon ein halbes Jahr Chicago und nun bald ein weiteres halbes Jahr New York hinter mir. Ich bin also Koch und im weiteren Lebensmittelingenieur geworden, und das hat mich zu »Knorr« gebracht.
Meine Frau ist Apothekerin, hat das erste Jahr (Amerika) noch in Deutschland gearbeitet. Ab Januar 99 kommt sie zu mir, und wir bleiben zusammen hier bis zum Ende meiner Zeit hier.
Chicago und New York sind natürlich tolle Erfahrungen, die mich hoffentlich auch beruflich ein Stück weiterbringen. Ja, und dann kommen hoffentlich auch bald Kinder, in unsere junge Familie… wir werden sehen!
Liebe Frau Manns, was ***talking to you,*** *würden Sie hier nun sagen.*
Ich hoffe, es geht Ihnen gut, sind gesund und munter, und vielleicht treffen wir uns ja einmal zufällig, wenn ich mal wieder in Wuppertal bin und meine Mutter besuche.

Unser Vater ist ganz unverhofft am 5.2.86 gestorben – Seitdem kämpfen wir uns alle vaterlos und ehemannslos durch diese Welt, was mich heute noch zu Tränen rührt.
Ihnen alles Gute und liebe Grüße aus New York ,
Marc.

Ich habe ihm umgehend geantwortet und zum Ausdruck gebracht, dass mich sein Brief sehr bewegt hat und ich einfach sprachlos war, nach 14 Jahren ein Lebenszeichen von ihm zu erhalten.

Ich freue mich sehr für ihn, dass die Musik sein ständiger »Begleiter« weiterhin in seinem Leben ist und er neue Wege gefunden hat. Nicht nur mir kann er seinen musikalischen Werdegang verdanken, sondern vor allen Dingen seinen Eltern, die damals die richtige Entscheidung getroffen haben.

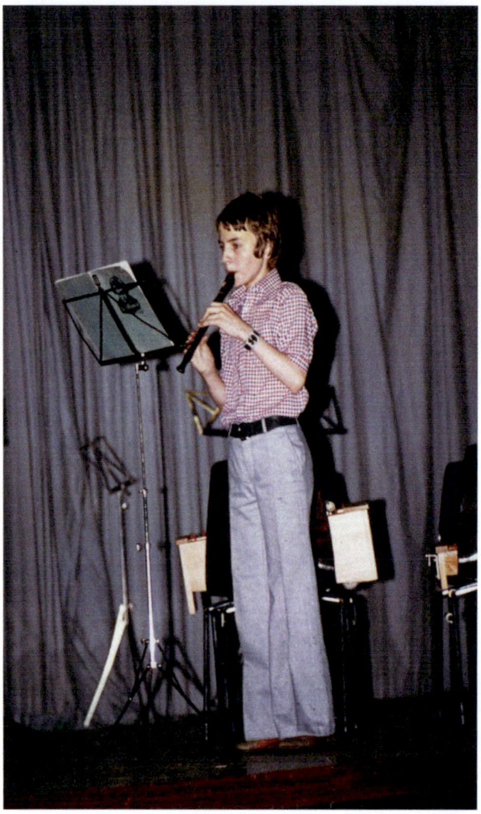

Marc Baggen, 12 Jahre alt
1977 Schülerkonzert im
Gymnasium»Am Kothen«

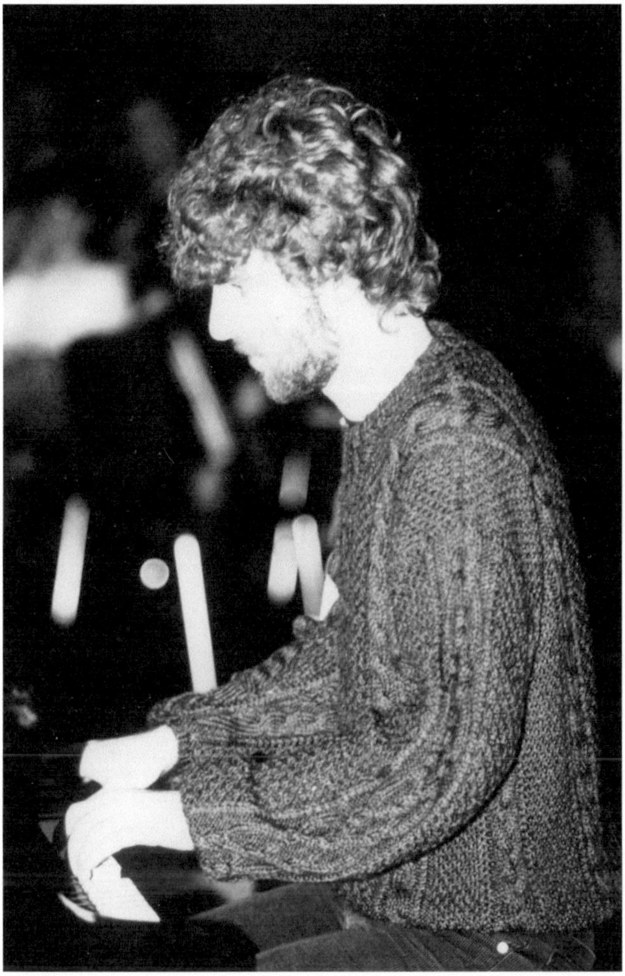

Marc Baggen, 17 Jahre
1982 Schülerkonzert
Gymnasium »Am Kothen«

Je älter Marc wurde, desto öfter wechselten auch seine Bärte, so gibt es Fotos mit und ohne Bart.

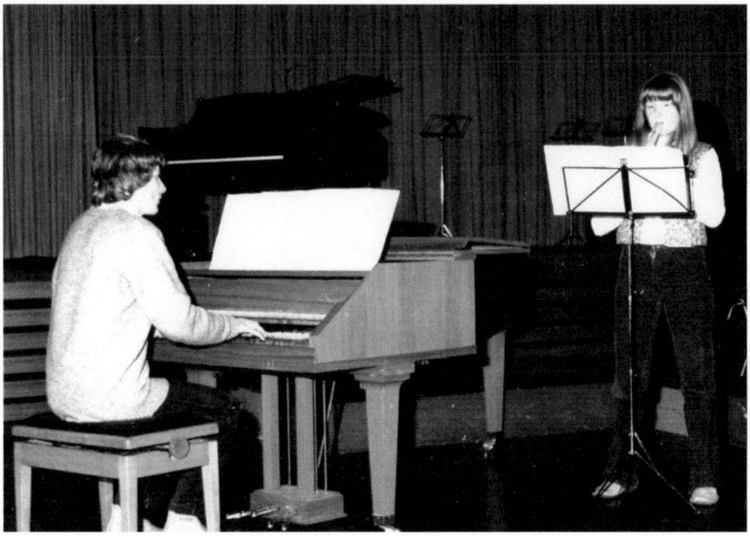

Cornelia Kiefer – Sopran-Blockflöte
Marc Baggen – Cembalo
Schülerkonzert – Gymnasium »Am Kothen«

Cornelia war eine sehr gute Flötistin, sie hatte ausgezeichnete manuelle Fähigkeiten und eine besondere Sensibilität für die Sopran-Blockflöte; da sie zuhause ein Klavier hatte, äußerte sie den Wunsch, auch das Klavierspielen zu erlernen, leider konnte sie die manuellen Fähigkeiten nicht auf das Klavier übertragen, sie hatte nicht das Erfolgserlebnis wie auf der Flöte, so dass sie den Wunsch wieder aufgab. *Daraus können wir schließen, dass sich nicht jeder für jedes Instrument eignet.*

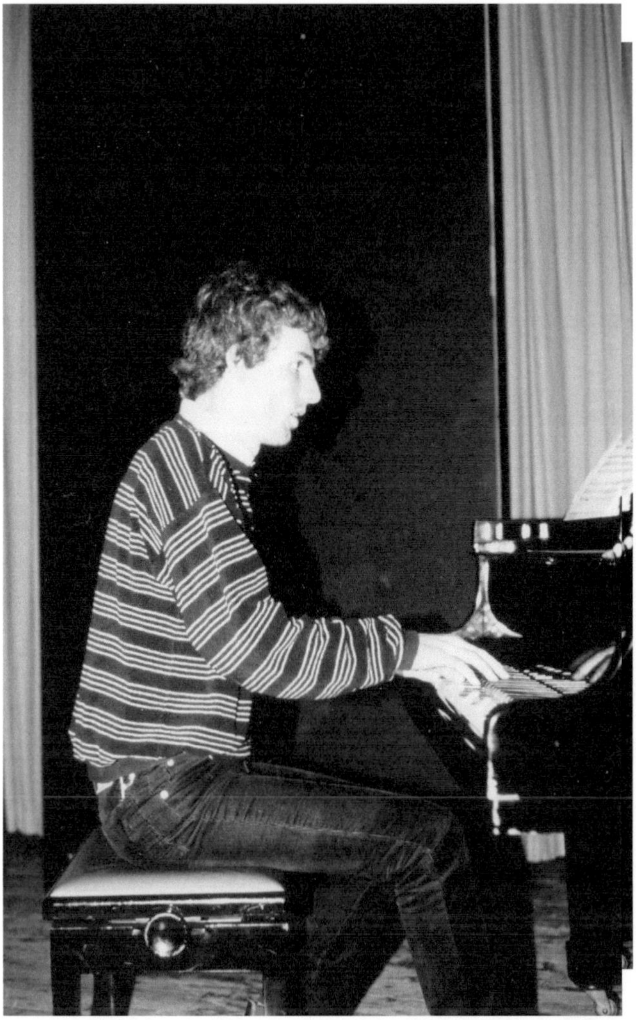

Marc Baggen, 18 Jahre
1983 Schülerkonzert
Gymnasium »Am Kothen«

Konzert Gymnasium »Am Kothen« – Flötengruppen

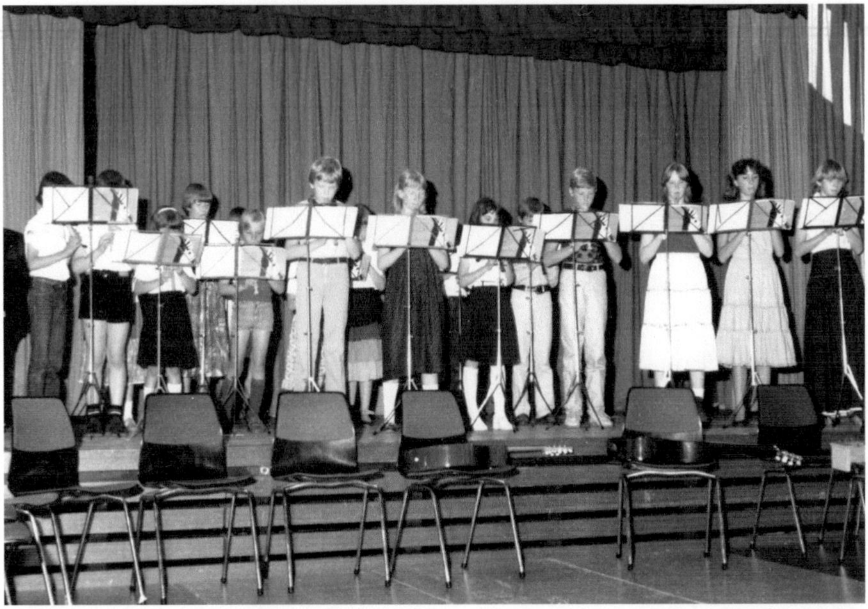

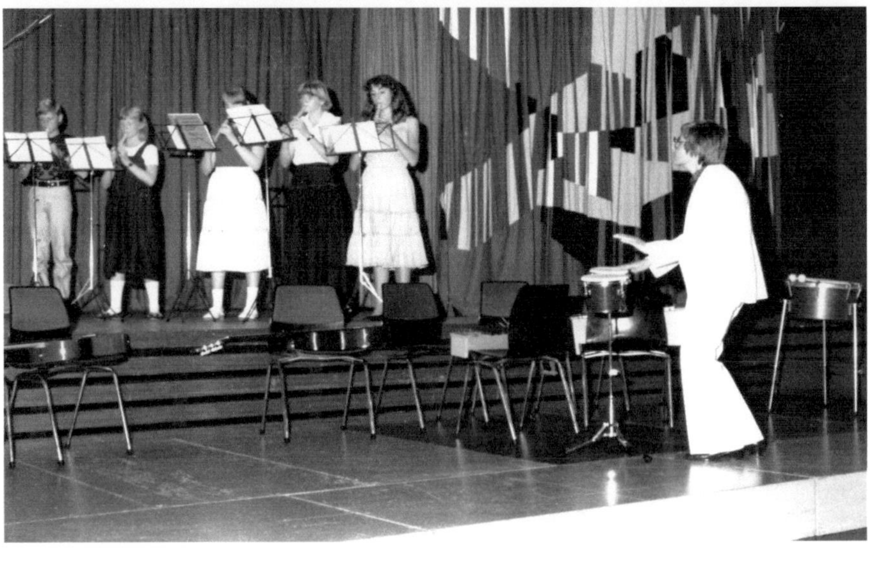

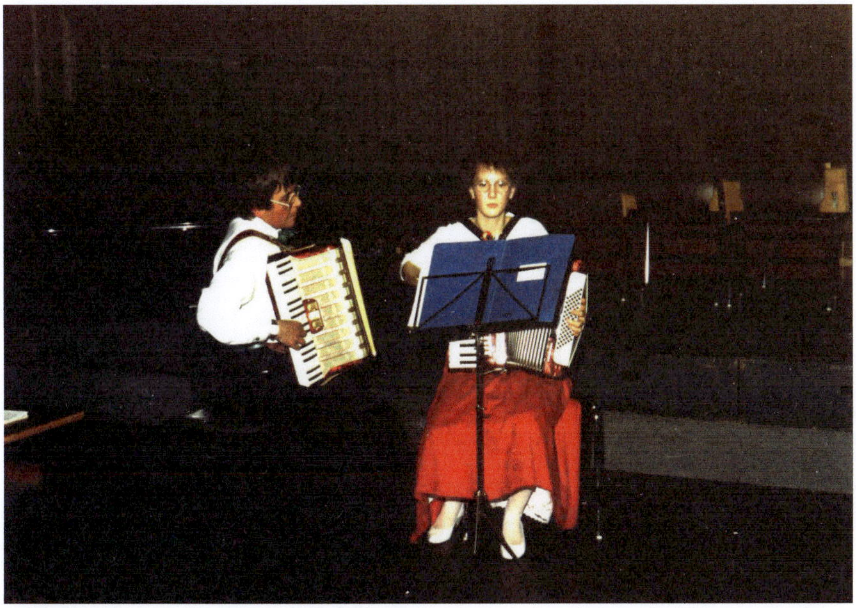

Akkordeon-Duett mit Tanja Kaluschke;
Schülerkonzert Gymnasium »AmKothen«. Sie war die Schülerin, die vom Flöten-unterricht zum Akkordeon-Unterricht wechselte

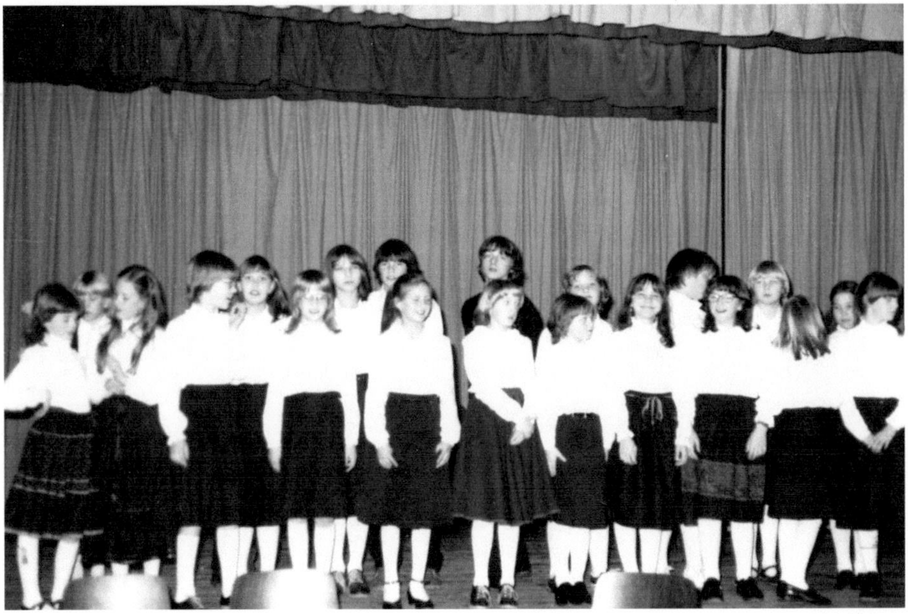

Kinderchor Barmen, 2.12.1982

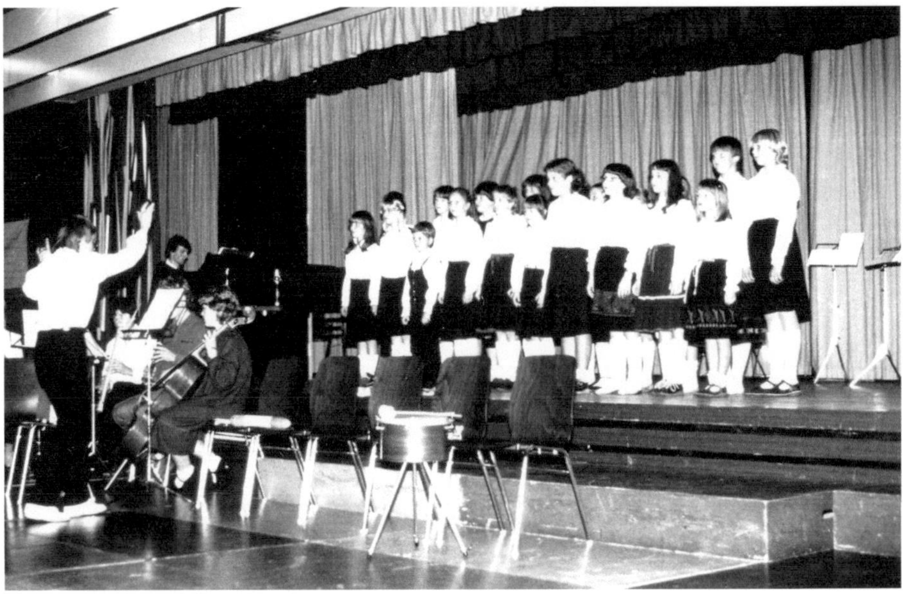

Schülerkonzert, 6.10.1983

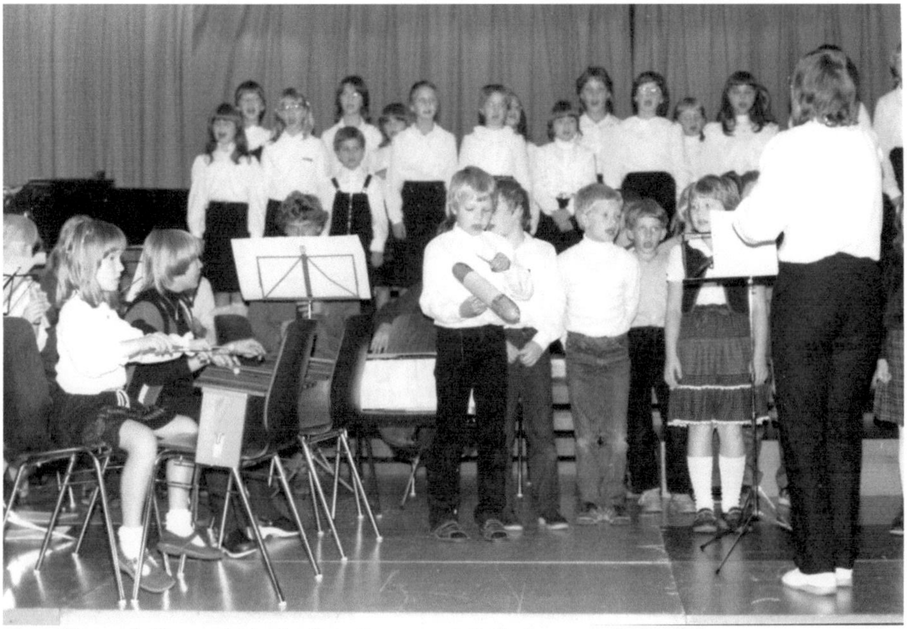
Grundkursschüler und Kinderchor Barmen, Schülerkonzert 6.10.1983

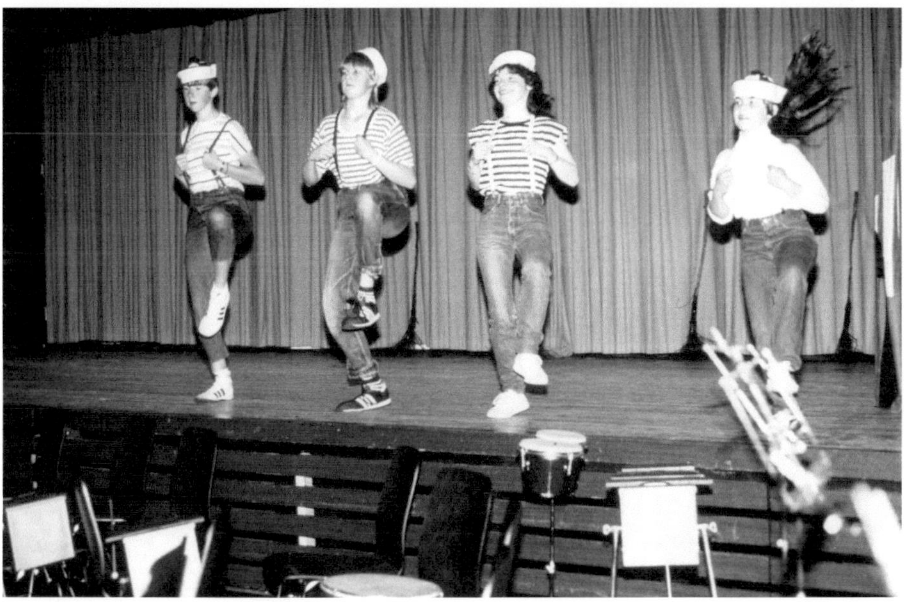
Schiffsjungen-Tanz, 6.6.1984

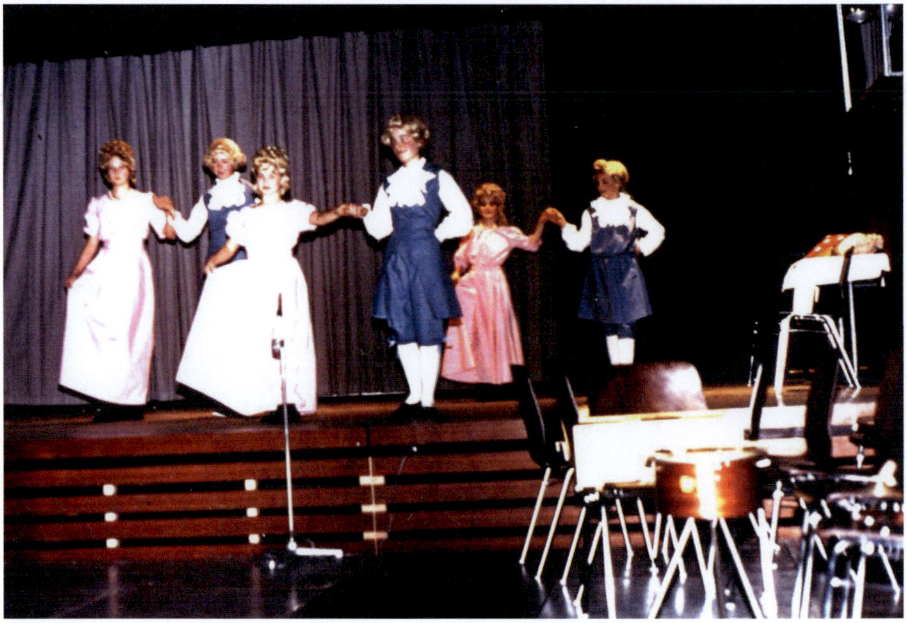

»Weibliche« Tänzer: Britta Jesinghaus, Anja Caspers, Miriam Müller; »Männliche« Tänzer: Diana Keiser, Claudia Dönninghaus, Caroline Mews. November 1984

»Pas de Menuet« – Höfische Tänze – Karl Heinz Taubert

nach der Musik von Johann Kaspar Ferdinand Fischer 1650 – 1746
aus Musicalischer Parnass – Augsburg 1738

Für die Einstudierung dieses Tanzes, mit Schülerinnen aus dem Barmer Kinderchor und Instrumentalunterricht, waren viele Sonderstunden erforderlich. Die Eltern einer Schülerin waren Hausmeister in einer Schule, so dass uns ein Übungsraum zur Verfügung stand.Akribisch studierten wir alle Tanzformationen (Plie – Pirouretten – Rond de jambe – Gigue a deux usw.) Die Perücken modellierte ich aus Hanf, die Kostüme entwarf ich nach Vorlage, genäht hat sie meine Mutter, der Stoff wurde uns gespendet von Eltern einer Schülerin.

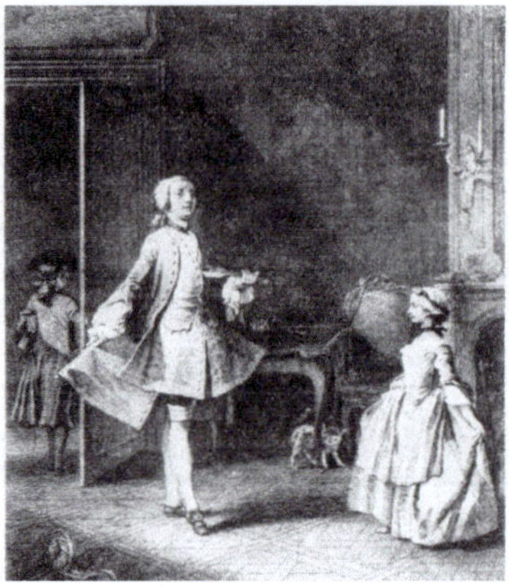

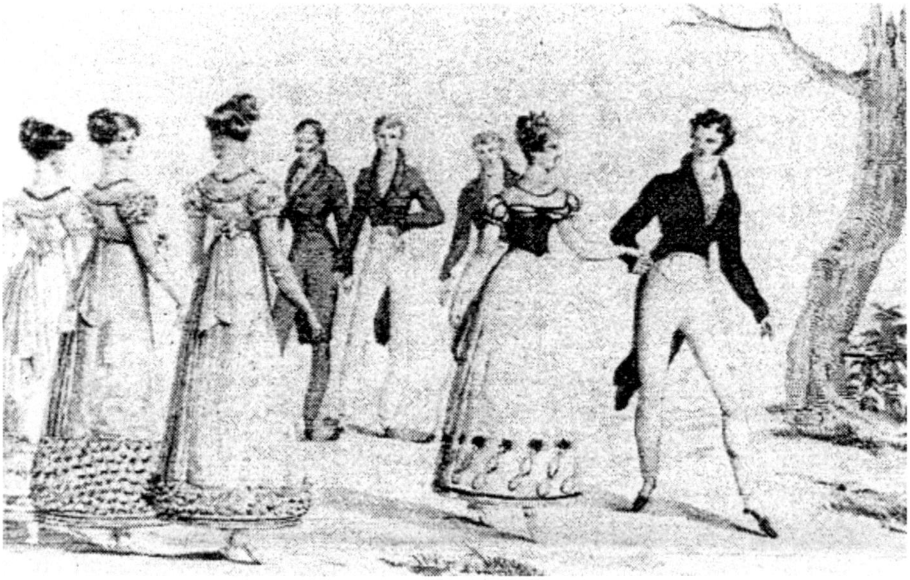

Stilvoll und züchtig – so tanzte man die Anglaise, als Gesellschaftstanz noch höfisches Vorrecht war.

Wer tanzt, bleibt länger jung

»Die Freude am Zufall, die Lust am Spiel sind dem Menschen eingeboren«. Diesen Ausspruch Schillers könnte sich Karl Heinz Taubert hinter den Spiegel stecken, denn beides spielte dem weltweit gerühmten Experten höfischer Geselligkeit schon so manchen schönen Streich.

Als der einstige Professor für Klavier, Rhythmik und Gehörbildung von der Hochschule der Künste Berlin 1950 mit dem intensiven Forschen nach historischen Tanzformen begann, spielte ihm der Zufall einen Mozart zugeschriebenen musikalischen Zeitvertreib zu. »Walzer und Schleifer mit zwei Würfeln zu componieren, ohne musikalisch zu seyen noch von der Composition etwas zu verstehen«. Taubert war fasziniert. 1956, Mozartjahr, veröffentlichte er bei Schott dieses kleine »Würfelspiel«.

Wie das Schicksal so will, trug ihm eine Nachkommin des Tanzmeisters Joseph Lanz, der ab 1775 am Deutschen Theater zu Berlin Ballettmeister, Tänzer und

Schauspieler war, ein Kleinod zu, das sein Wissenschaftler- und Praktikerherz höher schlagen ließ: ein gut erhaltenes »Portefeuille« von 1784, in dessen sechs Fächern 20 kleine Kärtchen ruhten, deren Kombination 64 Millionen Tanzformen der Anglaise möglich macht.

Die Anglaise *ist jener gesellige Kontratanz-Typ, den Ludwig XIV. schon durch seinen Meister Lorin aus London importieren ließ und der im 18. Jahrhundert in ganz Europa die Tanzwut auslöste.*

Taubert, der als Autor des Standardwerkes »Höfische Tänze« und Leiter des Ensembles für historischen Tanz auch die Tanzschrift des Franzosen Pierre Beauchamps von 1699 beherrscht, hatte es leicht, mit diesem Choreographien-Spiel seinen eigenen Spaß am Zufall auszuleben.

Und der Meister zitiert dabei – mit einem belustigen Blick aus sich selbst – ein französisches Sprichwort: »Rien n' est plus jeune qu' une vieille danse.«

Leicht abgewandelt : »Nichts hält uns Menschen jünger als ein alter Tanz«.

Irene Sieben

FEUILLETON – Berliner Morgenpost – Donnerstag, 13. Oktober 1983

Unverkrampft

Konzert der Musikschule

Was in den großen Konzerten der Bergischen Musikschule immer zu kurz kommt, das machen die Vorspielstunden unter der Leitung von Brigitte Manns in der Aula des Gymnasiums am Kothen wett. Hier wird gezeigt, wie die Arbeit mit Kindern im Vorschulalter vor sich geht. Viele Eltern und Musikinteressierte waren auch zum elften dieser Konzerte gekommen, und es wurde von überaus herzlichem Beifall begleitet, was die Kinder aus der musikalischen Früherziehung und Grundausbildung in Sing- und Spielgruppen leisteten.

Auch einige ältere Musikschüler – vermutlich ebenfalls Schüler von Brigitte Manns – Beteiligten sich an der Gestaltung des abwechslungsreichen Programms.

Klavierbegleitungen und die Vorträge schwerer Solowerke blieb diesen Schülern vorbehalten. Begeisternd war die Unverkrampftheit und Einsatzfreude, mit der sich die Kinder ihren mannigfaltigen instrumentalen und vokalen Aufgaben widmeten.

Organisationstechnische Probleme gab es keine, die Motivation, die hinter diesem Vorspiel stand, hielt die Kinder im Bann. Auffällig war, dass die kleinen Schüler mit viel größerer Gelassenheit und Sicherheit ans Werk gingen, ein Umstand, der verdeutlichte, dass für Kinder im Vorschul- und Grundschulalter musizieren noch in erster Linie Spiel bedeutet.

Was normalerweise nur in den samstäglichen Übungsvorspielen in den Räumen der Briller Straße 2 zu hören ist, das wurde hier an die Öffentlichkeit gebracht, mit soviel Erfolg, dass man öfter Auftritte mit Gruppen des musikalischen Anfangsunterrichts einplanen sollte.

Die Begeisterung, mit der die Kinder bei der Sache sind, wäre dies wert.

Arnd Richter

Westdeutsche Zeitung – Juli 1982

Rhythmische Veranlagungen

Rhythmische Veranlagungen sind sehr unterschiedlich, wie z.B. die *arrhythmische* (unrhythmische) Veranlagung eines Menschen!
Arrhythmische Menschen sollte man niemals in ein für sie unverständliches Zeitmaß hineinpressen.
Eine arrhythmische Veranlagung kann nicht therapiert werden, sodass sie nicht mehr vorhanden ist. Es ist eventuell nur eine Besserung zu erreichen.

Was bedeutet Rhythmus?

> *Rhythmus – Fluss – periodische Gliederung, wie wir sie in der Musik, Tanz und Dichtung finden.*
> *In der* Dichtung *das Versmaß; metrisch gegliederte Wortreihe eines Gedichtes. Im* Tanz *die Vielfalt gestalteter Körperbewegungen, auf der Grundlage sich periodisch wiederholender Rhythmik, als künstlerisches Ausdrucksmittel des einzelnen Menschen und einer menschlichen Gesellschaft in Volkstanz, Gesellschaftstanz, Bühnentanz (Ballett)*
> (Wörterbuch d. Musik, Ferdinand Hirsch, Heinrichshofen's Verlag, Wilhelmshaven)

In der Musik finden wir den zeitlichen Bewegungsablauf von zurückhaltenden Kürzen und vorantreibenden Längen, also Spannung und Lösung!
Auch in der Natur können wir diese Vorgänge sehr gut beobachten, denken wir an das Meer, die langen Wellen, die auf uns zukommen und die kurzen, die sich wieder zurückziehen.
Die Entwicklung des rhythmisch-musikalischen Gefühls ist niemals Selbstzweck, sondern dient der Auflockerung und Herstellung der inneren Ordnung!

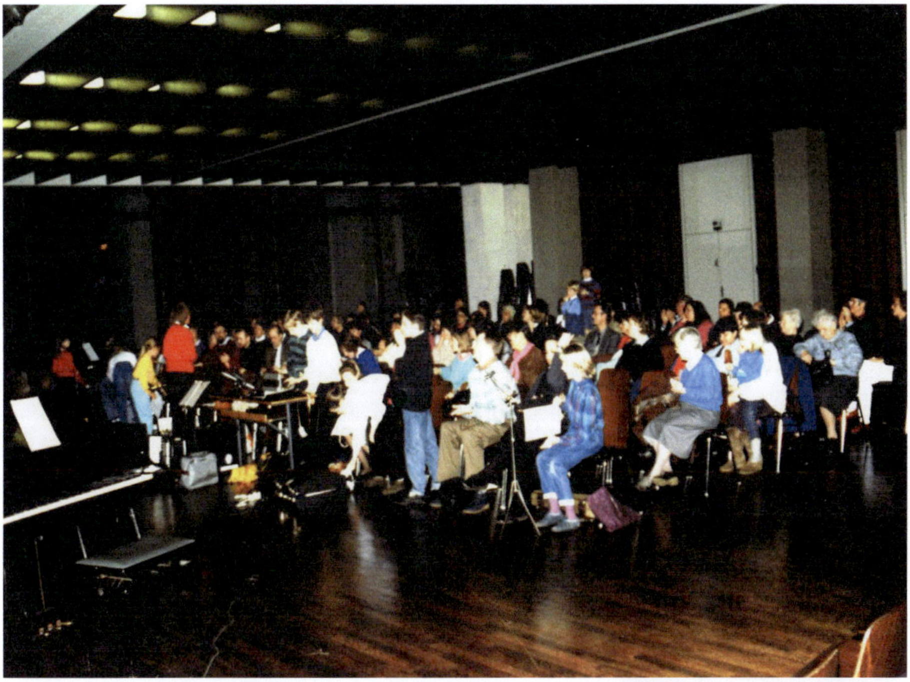

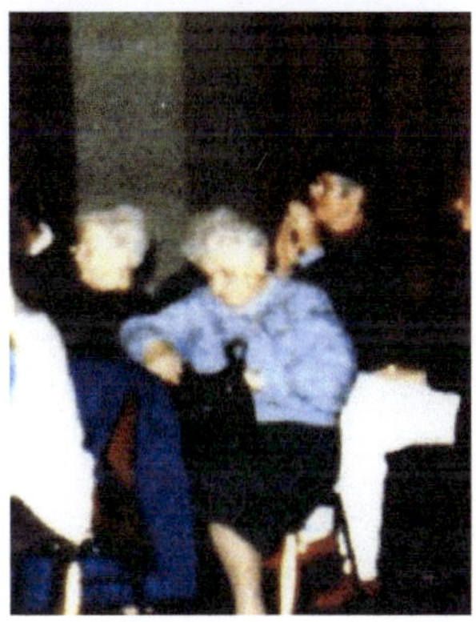

Ein Blick in die Aula des Gymnasiums »Am Kothen«, während eines Konzertes, am 15.12.1988.

In der vorletzten Reihe, ganz rechts außen, sitzt meine Mutter, mit hellblauem Pullover, sie war ständige Begleiterin und gute Beobachterin meiner vielen Schülerkonzerte, sie ließ nie ein Konzert aus und gab mir immer Mut und Kraft.

»Gott achtet Dich, wenn Du arbeitest,
aber er liebt Dich, wenn Du singst.
(Tagore)

Die Flöte / Blockflöte

Zur Entstehung

Das älteste bekannte Musikinstrument ist eine Flöte. Vor 35.000 Jahren schnitzten Eiszeitjäger sie aus einem ***Schwanenflügelknochen***. Sie wurde im Geißenklösterle, einer Höhle bei Blaubeuren, auf der Schwäbischen Alb gefunden.
Die Flöte ist 10 Zentimeter lang und elf Millimeter breit.

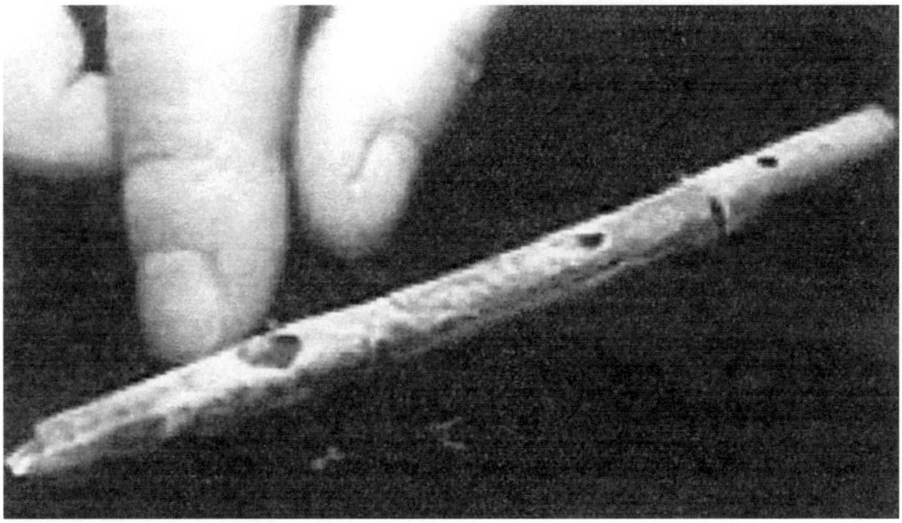

Diese Flöte besteht aus Schwanenknochen und ist 35.000 Jahre alt. Nach Auskunft des Württembergischen Landesmuseums ist sie das älteste Musikinstrument der Welt. (Foto: dpa)

Folgende Informationen habe ich einem Interview, in der Süddeutschen Zeitung (sueddeutsche.de) vom 12.12.2005, mit dem Feinwerktechnik-Ingenieur Friedrich Seeberger entnommen. Er rekonstruierte, in Zusammenarbeit mit dem Urgeschichtlichen Museum Blaubeuren, 35.000 Jahre alte Knochen- und Elfenbeinflöten.

»Der Tonvorrat war gering. Auf der **Schwanenknochenflöte** *lassen sich vier Grund- und drei Obertöne erzeugen. Die Flöte war wahrscheinlich ein Soloinstrument. Es kann kein Chorus aus mehreren Flöten gespielt worden sein, denn sie waren nicht exakt aufeinander abgestimmt. Wir gehen eher von einer meditativen Situation aus. Der Sinn für die in der Natur erlebte Schönheit und Harmonie muss vor 35.000 Jahren jedenfalls längst im Menschen veranlagt gewesen sein.*

Die Flöten ermöglichten pentatonische Tonfolgen aus fünf Tönen, die auch im Mittelalter beliebt waren, lange bevor die heutigen Tonleitern aus sieben und mehr Tönen entstanden. Die penmtatonische Abstufung eignet sich auch für heutigen Ohren gut für einfaches Solospiel.

Die Tonfolgen waren kein Zufallsprodukt, sondern entsprachen einem bestimmten Harmoniebedürfnis. Der erste Ton und das erste in den hohlen Knochen geschnittene Griffloch waren Zufallstreffer. Aber die Platzierung weiterer Löcher geschah gezielt, nachdem der Frühmensch herausgefunden hatte, welchen Effekt der Grifflochabstand hatte und welche Intervalle er ermöglichte.«

Zur Geschichte der Blockflöte

Die Flöte ist wohl eines der ältesten, in fast allen Kulturen der Erde vertretenes Holzblasinstrument. Der im Windkanal geformte Luftstrom gerät an der Anblaskante des Labiums in Schwingung, so dass die Luft abwechselnd ins Innere der Flöte und nach aussen strömt. Die Frequenz der Schwingung und damit die Tonhöhe, wird durch Resonanz mit der Luftsäule im Inneren des Instruments bestimmt.

»Wie alt die Blockflöte ist, darüber besteht in Fachkreisen noch keine Einigung. In der Forschung kann man sich nur auf bildliche Darstellungen (Ikonographie) oder Instrumentalfunde stützen.

Eines der ältesten erhaltenen Instrumente ist ein Fundstück aus Göttingen. Die Entstehung wird in der Zeit zwischen 1246 bis 1322 datiert. Leider ist die Flöte beschädigt. Vielleicht erklärt das den Fundort – eine Latrine (heute sagt man dazu Toilette)

(Vera Böhlk, Musikpädagogin in Bernburg)

Blockflöten, mit beiden Händen zu spielen, sind in Europa seit dem 11. Jahrhundert belegt. Bereits im 14. Jahrhundert zählte die Blockflöte zu den wichtigsten Holzblasinstrumenten. Im Verlauf des 18. Jahrhunderts wurde sie von der klanglich stärkeren, durchsetzungsfähigeren Querflöte, im Zusammenspiel mit den erweiterten Orchestern, verdrängt.

In der Musik der Klassik und Romantik war die Blockflöte kein übliches Instrument mehr. Sie war so unüblich, dass Igor Strawinsky sie für eine Klarinette hielt, als er sie das erste Mal sah. Erst im 20. Jahrhundert wurde sie vor allem als Instrument der Haus- und Schulmusik wiederentdeckt und fand somit den Weg zur Musikpädagogik.

Die Blockflöte ist heute ein vollwertiges Holzblasinstrument, deren Beherrschung ebensoviel Engagement, Können und Übung erfordert, wie dies bei jedem anderen Instrument der Fall ist.

Sie ist zunächst technisch leicht zu handhaben, somit können allgemein schnelle Erfolge erreicht werden. Jedoch beziehen sich diese schnellen Erfolge nur auf die Anfangsphase des Lernprozesses. Die Beherrschung der Grifftabel und ein- oder zwei Artikulationsformen machen noch keinen Blockflötisten aus.

Aus der einfachen Blockflöte wurde im Laufe der Zeit, d.h. bau- und spieltechnisch, ein hochentwickeltes Instrument, dank der Kreativität und dem Erfindungsgeist verschiedener Baumeister. Vom Spieler wird eine äußerst klangliche Sensibilisierung, Kreativität der Gestaltung, manuelle Geschicklichkeit, Flexibilität und eine gut funktionierende Atmung erwartet.

Die Flötenliteratur kann sehr anspruchsvoll sein, so dass sie ein äußerstes Maß an Interpretationskunst erfordert. Die Voraussetzungen eines jeden Schülers sind immer unterschiedlich, nur ein professioneller und erfahrener Musikpädagoge kann sie erkennen, fördern und entwickeln, eventuell bis zum Musikstudium.

Es gibt Flöten aller Registerlagen in deutscher und barocker Griffweise, Flöten aus Plastik und den verschiedenen Holzarten, kombinierte Modelle aus Holz und Plastik, sowie ausgesprochene Flöten für den Anfänger, den Fortgeschrittenen und den Solisten.

Die Blockflöten haben eine große »Familie«
Hier einige »Familienmitglieder«:

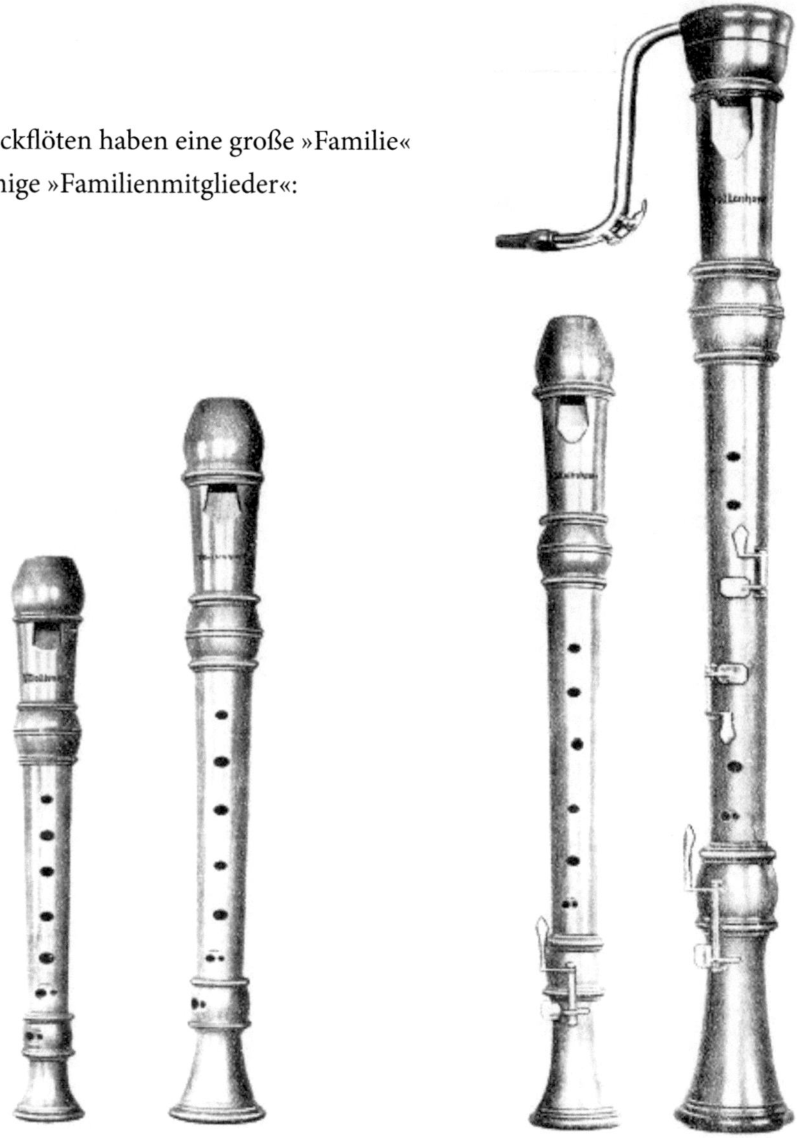

Mädchen/Junge *Mutter* *Vater* *Großvater*

Sopran C c-cis *Alt F f-fis* *Tenor C d-dis* *Bass F g-gis*

Alle mit Doppellochbohrung und barocker Griffweise

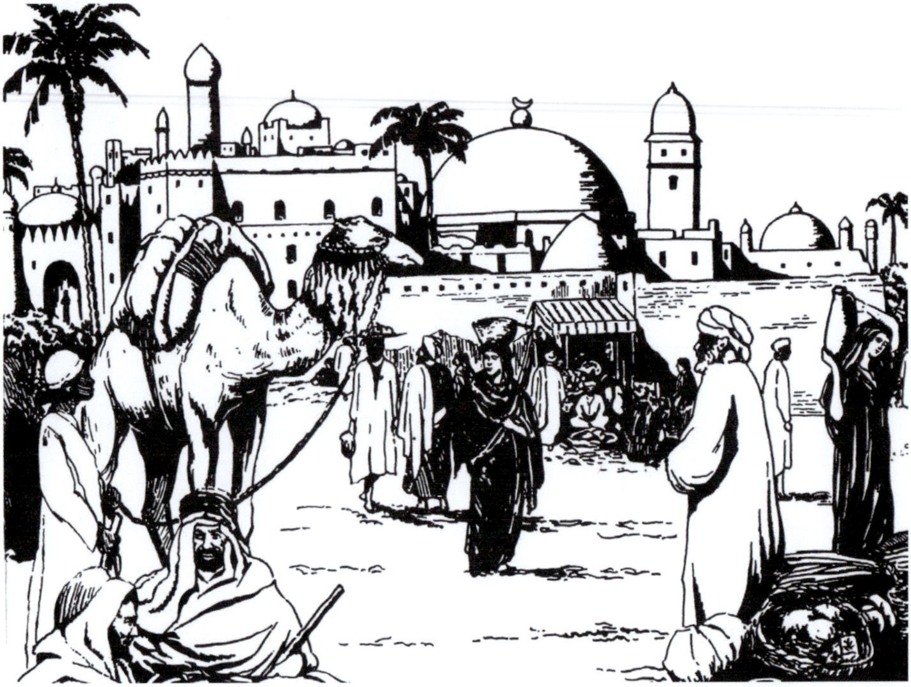

»Auf einem persischen Markt« Schülerkonzert 1983 Gymnasium »Am Kothen«

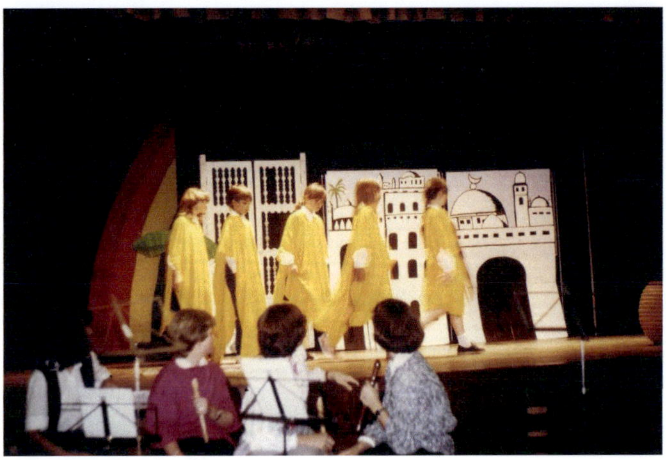

»Die Kameltreiber kommen«

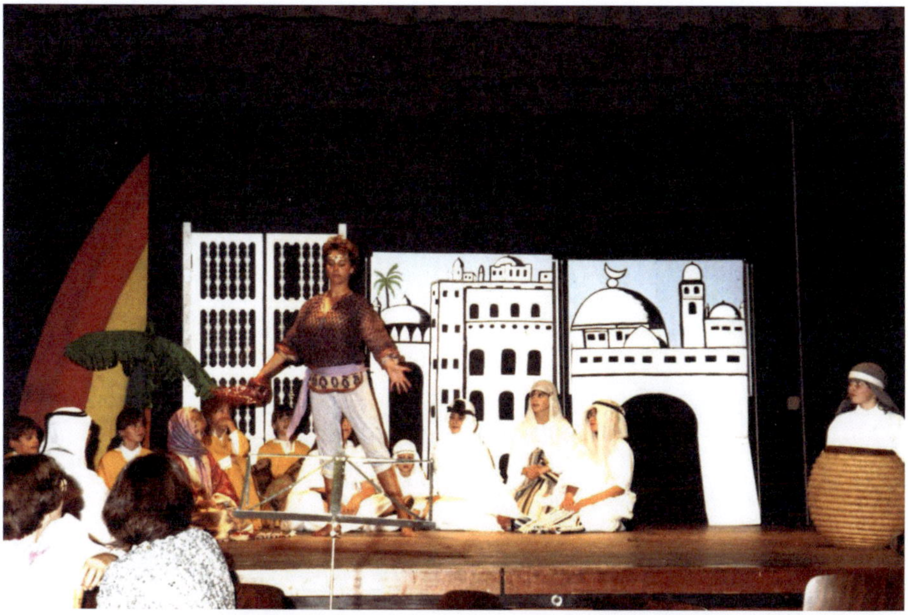

»Die Prinzessin tanzt«

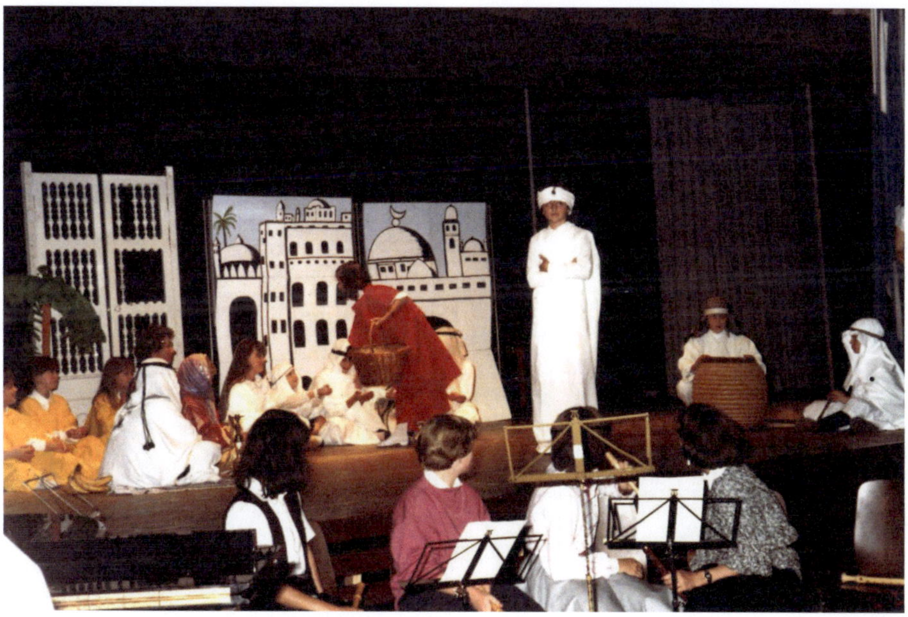

»Der Kalif schreitet über den Marktplatz«

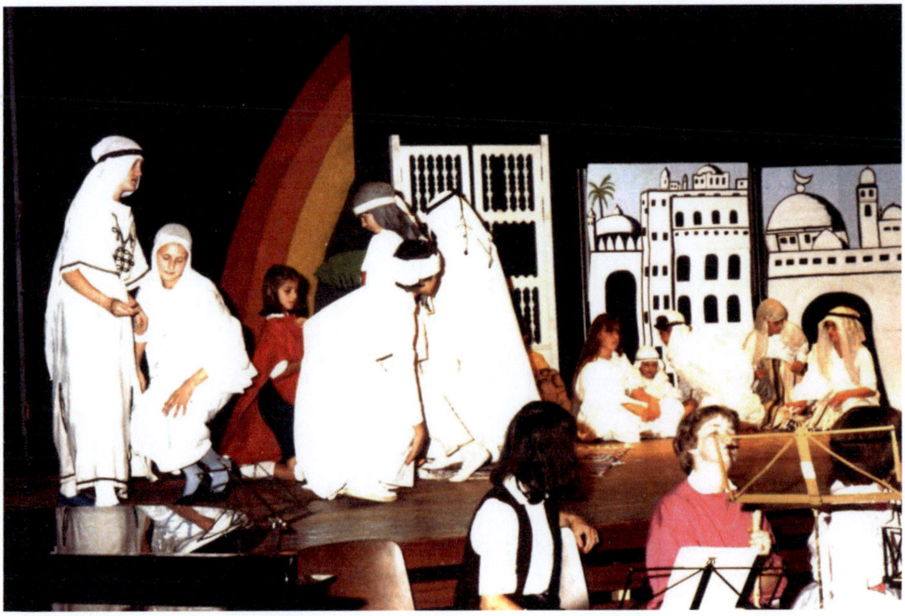

»Die Bettler werden nochmals beschenkt«

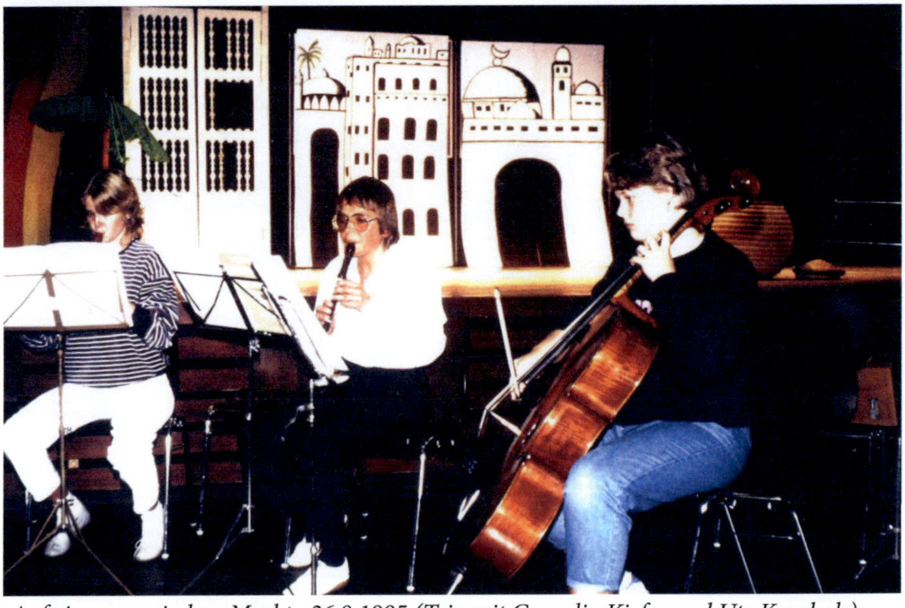

»Auf einem persischen Markt« 26.9.1985 (Trio mit Cornelia Kiefer und Ute Kurzhals)

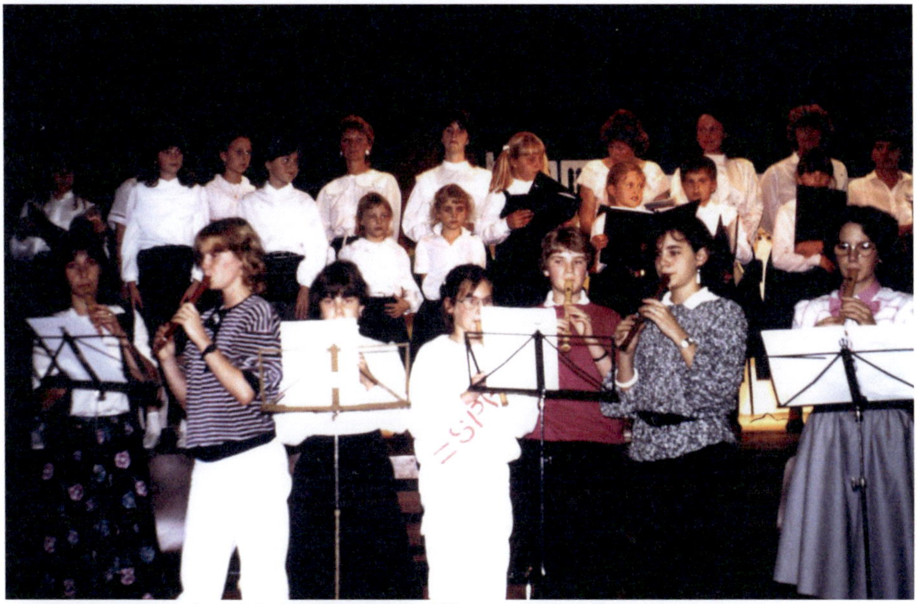

»Auf einem persischen Markt« 26.9.1985 (Chor und Blockflötengruppe)

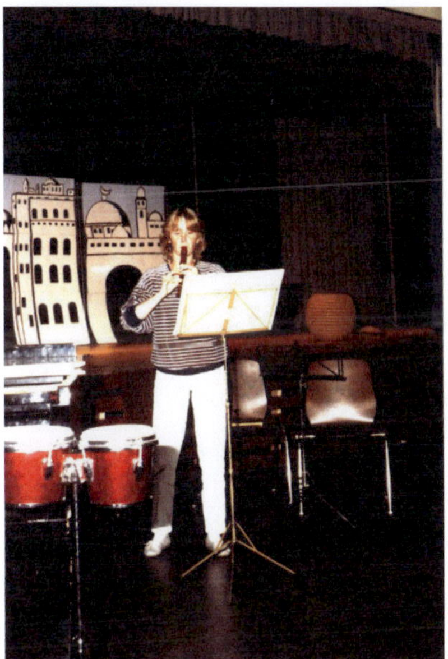

Cornelia Kiefer – Sopran-Blockflöte (26.9.1985)

Denkt daran!

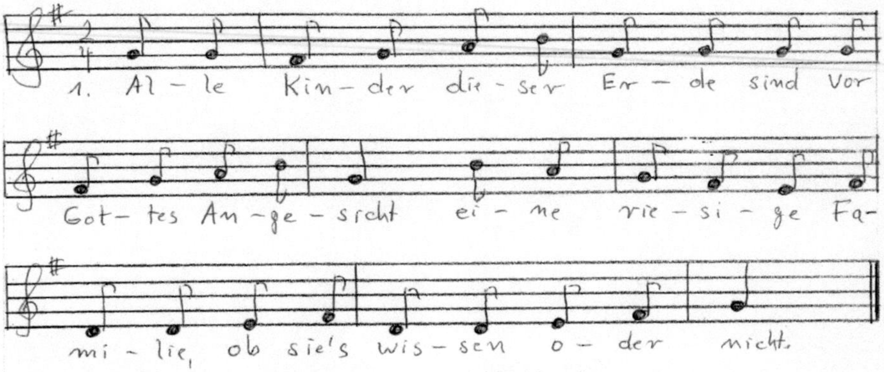

2. *Der Indianerbub im Westen und aus China Li Wang-Lo*
und der grosse Negerjunge und der kleine Eskimo.

3. *Alle sind genau so gerne froh und lustig auf der Welt,*
freu´n sich über Mond und Sterne unterm gleichen Himmelszelt.

4. *Spielen, lernen, singen lachen ,raufen sich auch mal geschwind.*
Alle sind sie Gottes Kinder, welcher Farbe sie auch sind.

5. *Lasst uns immer daran denken: Jedem Kind sein Land gefällt.*
Wir sind alle Schwestern, Brüder in der schönen weiten Welt.

(Richard Rudolf Klein »Willkommen lieber Tag, Band II)

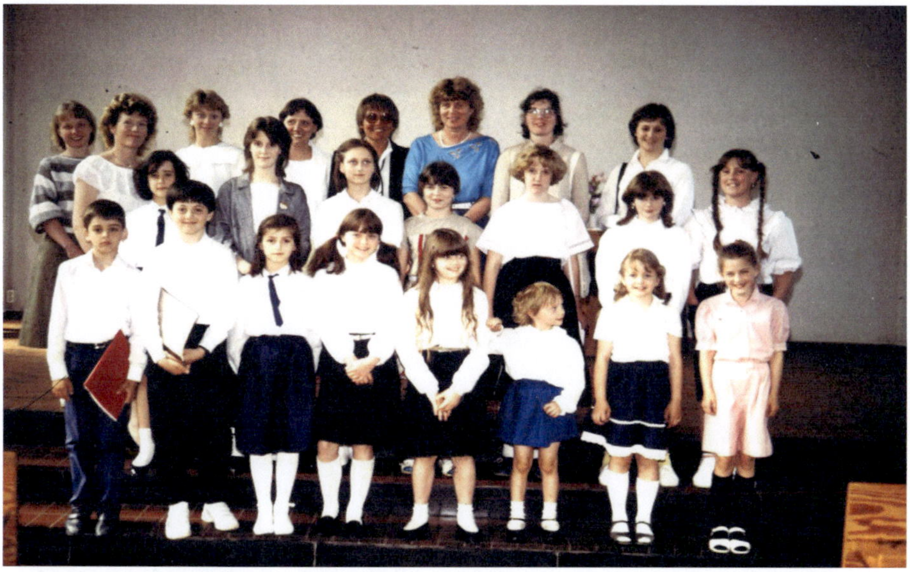

Familien-Chor der Vereinigt-Evangelischen Gemeinde – Unterbarmen-West, (unter meiner Leitung – Aufnahme in der Paulus-Kirche in den 80iger Jahren) in der 1. Reihe links, drei Schüler aus Griechenland (Geschwister), die ich in Klavier unterrichtete.

Musiktherapeutische Überlegungen

Das Ohr

»Das Ohr ist das sensibelste Sinnesorgan des Menschen. Es reagiert schon auf Reize, die Millionen Mal geringer sind als bei Berührungen. Kein Wunder also, dass uns Töne und Klänge ganz besonders »berühren«. Schon im Kindesalter hilft uns ein Wiegenlied in den Schlaf.

Musik beeinflusst uns unser ganzes Leben lang. Dass sie auch gezielt eingesetzt werden kann, um bestimmte Stimmungen zu erzeugen, wussten schon vorchristliche Kulturen, die bei ihren religiösen Riten die Menschen mit teils von primitiver Tonkunst zu manipulieren wussten.

Im Mitteilalter gehörte ein Musikstudium gar zum Pflichtfach für angehende Ärzte, und Mozart komponierte Stücke für Menschen mit Depressionen oder Migräne.

Musik wirkt deshalb, weil einige Rhythmen vom Herzschlag über Atmung bis zur Hirnaktivität bekannt sind«

(Dr. med. Ralph Spintge, Arzt, Schmerztherapeut und Musik-Medizin-Forscher und Professor für Musik-Medizin in Hamburg. Seit 1986 Leiter einer Abteilung für Algesiologie (Interdisziplinäre Schmerztherapie) und des Musik-Medizinischen Forschungslabors IMUR.

Musik macht gesund

»Wie kommt es, dass wir uns beim Musikhören wohlfühlen? Woran liegt es, dass Stress und Schmerzen verschwinden können?

Wie wirkt Musik auf Seele und Körper? Interessante Fragen und wissenschaftlich erforschte Antworten.

Jeder mag Musik, aber nicht jede Musik. Und alle kennen das Gefühl des Stimmungsumschwungs, wenn plötzlich irgendwo einer unserer Lieblingssongs oder bevorzugten Instrumentalstück erklingt.

Wie kommt das? Die Wissenschaft, die sich mit der Erforschung dieses Phänomens beschäftigt, heißt Psychoakustik, manche nennen sie auch Musikmedizin.

Angewandte Musiktherapie

Es gibt Kliniken und Schulen, die Musik schon lange als Therapiebegleitung einsetzen. Denn ihre lindernde Wirkung bei Stress, Schmerzen, der Stärkung des Immunsystems, der besseren Koordination von Bewegungsabläufen und der Steigerung der Leistungsfähigkeit ist erwiesen.

Aber wie funktioniert´s? Das Prinzip ist einfach erklärt:

Musikalische Klänge bestehen wie alle Töne aus Schwingungen, und auch die Psyche und der Körper des Menschen sind Schwingungen unterworfen. Wenn nun beides in rhythmischer Übereinstimmung schwingt, wird die Gefühlslage positiv beeinflusst. Unsere Stimmung steigt und kann uns sogar dazu verführen, aktiv zu werden und uns im Rhythmus zu bewegen oder mitzusingen.

Beim Tanzen und Singen geht es den Menschen im Allgemeinen gut, sie verspüren keine Beeinträchtigungen.

Welche Musik wann?

Die Frage ist sehr berechtigt. Denn durch psychologische Forschung wurde ermittelt, dass Musik besser von einem Stimmungstief zum Wohlgefühl führt, wenn man eine Musik auswählt, die der augenblicklichen Stimmung entspricht. Und nicht eine Musik, die zu weit vom momentanen Gefühl weg ist und dann eher nervt. Es ist ratsam, in Schritten vorzugehen und mehrere Musiktitel bewusst danach auszuwählen, sich kontinuierlich aufzubauen. Wichtig ist in jedem Fall die geistig-seelische Übereinstimmung.

Mit anderen Worten: Die Musik muss Ihnen gefallen!

Musik für jeden Anlass

Die ganzen modernen Studio-Sportarten von Aerobic bis Tai Shi kommen ohne Musik nicht aus, weil sie motiviert, anzufangen und durchzuhalten. Der Ablauf wird strukturiert, aber auch der Blutdruck gesenkt, die Atmung reguliert und

Körper und Seele in Einklang gebracht. Tanzbewegungen fördern die Hormonausschüttung, während die Melodie das Herz erreicht. Musik beeinflusst auch die Atmosphäre bei Gesprächen, beim Essen und last but not least bei intimen Stunden und beim Sex.

Musik weckt die Leidenschaft. Finden Sie heraus, welche Musik zu Ihnen passt und stellen Sie Ihre eigene Kollektion zusammen. Technisch Interessierte brennen sich sogar nach diesen Gesichtspunkten ihre ganz persönliche CD. Vielleicht haben Sie jemand im Bekanntenkreis, der das für Sie macht, wenn Sie es nicht selbst können!«

Buchtipps: John M. Ortiz: Das Tao der Musik, Verlag O.W. Barth, Aljoscha A. Schwarz: Mit Musik heilen (mit CD), Südwest

Weitere Informationen:
Deutsche Gesellschaft für Musiktherapieforschung (DGMF), Charite-Virchow-Klinikum der Humboldt Universität, Augustenburger Platz 1, 13353 Berlin.

Zu laute Musik kann auch schaden

Heiße Rhythmen (Diskolärm) sind nicht nur für Hörschäden verantwortlich, sondern können auch der Lunge schaden.

Akute Atemnot und heftige Schmerzen in der Brust verspürten drei junge Männer nach dem Besuch eines Rockkonzertes. Dr. Marc Noppen und sein britisch-belgisches Ärzteteam von der Freien Universität Brüssel diagnostizierten in allen Fällen einen Lungenkollaps, einen sogenannten Pneumothorax. Die Mediziner machen dafür in erster Linie die wummenden Bassklänge verantwortlich. Wenn die Lungenflügel in derselben Frequenz vibrieren, kann das zu Rissen im Gewebe führen.

Folge: Die elastische Lunge zieht sich auf einen Bruchteil ihrer ursprünglichen Größe zusammen.

(Bericht aus einer Zeitschrift)

Um nachfolgenden Bericht veröffentlichen zu dürfen, bat ich Herrn Dr. Peter Schneider, (Physiker) per E-Mail, um seine Zustimmung.

Uni Heidelberg

Betr. Info-Dienst Wissenschaft – idw – Pressemitteilung Uni Heidelberg v. 9.8.2002

Sehr geehrte Frau Manns,

Sie können gern den Artikel mitveröffentlichen. Der Musik-Part betrifft meine Forschung, vermutlich bezogen auf meine Veröffentlichung in Nature neuroscience 2002 über »Morphology of Heschl's gyrus reflects encanced activation in the auditory cortex of musicians.« Es gibt eine Reihe neuerer Studien über Musikalität, deren ref. ich Ihnen bei Bedarf auch gern schicken kann (Stichwörter: Grundtonhörer / Obertonhörer / Präferenz von Musikinstrumenten / das zerebrale Sinfonieorchester / musikalische Begabung (musical aptitude)).

Der Legasthenie-Part betrifft die Forschung meines Kollegen André Rupp, Uni Heidelberg)

Herzliche Grüße

Peter Schneider

Magnetoenzephalographie ortet Hirnaktivität

Sanfter Einblick in die Arbeit unseres Großhirns

Magnetoenzephalographie ortet Hirnaktivität/Untersuchungen zu Musikalität

Wer kennt dieses Phänomen nicht? Intensiv lauscht man einem Gesprächspartner. Andere Geräusche werden zwar registriert, doch nicht wirklich verstanden. Wie bringt es unser Gehirn fertig, die Aufmerksamkeit auf bestimmte Stimmen und Töne zu richten und andere gleichzeitig zu unterdrücken? Eine Untersuchungsmethode, die dazu in jüngster Zeit eindrucksvolle Ergebnisse geliefert hat, ist die Magnetoenzephalographie (MEG). *Sie misst Magnetfelder, die durch synchronisierte Aktivität der Nervenzellen in der Großhirnrinde (Kortex) erzeugt werden. Richtet man etwa seine Aufmerksamkeit auf bestimmte Töne, so werden den normalerweise für das Hören zuständigen Hirnregionen* (»Hörkortizes«*) zusätzlich Areale aktiviert, denen die Aufmerksamkeit zuzuschreiben ist. Die Arbeitsgruppe der* »Sektion Biomagnetismus« *an der Neurologischen Universitätsklinik Heidelberg hat nun zeigen können: Auch die Verarbeitung der Tonhöhe und der Lautstärke ist in verschiedenen Arealen des* Hörkortex *angesiedelt.*

Anders als bei Magnetresonanz – oder Computer-Tomographie wir das Gehirn bei der MEG-Messung keiner Strahlung ausgesetzt. Den sanften Blick unter die Schädeldecke *ermöglicht die elektrische Kommunikation der Hirnzellen: Wenn die Nervenzellen Signale aussenden, geht dies stets mit einem geringen Stromfluss und damit einem Magnetfeld einher. Die Messung elektrischer Aktivität hat sich die Medizin schon lange zunutze gemacht, indem die Ströme von Herz (Elektrokardiographie, EKG) und Gehirn (Elektroenzephalographie, EEG) ableitet. »Erst in den letzten Jahren ist es mit Hilfe sehr empfindlicher Geräte gelungen, auch die äußerst schwachen Magnetfelder zu messen«, sagt Dr. Andre Rupp, Leiter der Heidelberger Arbeitsgruppe. Nun können Gehirnaktivitäten, die sich beim Hören, Sehen und Fühlen in der Großhirnrinde innerhalb von Millisekunden abspielen, dargestellt und Bestimmten Gehirnarealen zugeordnet werden.*

Profi-Musiker haben spezielle Hirnstrukturen

Das wissenschaftliche Interesse der Heidelberger **Biomagnetismus-Spezialisten** *gilt Personengruppen, die sich durch Begabungen oder Defizite auszeichnen und deren Gehirn deshalb möglicherweise Besonderheiten aufweist. So stellten der Physiker Dr. Peter Schneider und seine Heidelberger Kollegen unlängst fest, dass professionelle Musiker mehr als doppelt so viele graue Hirnmasse im primären Hörkortex haben als unmusikalische Menschen. Außerdem reagiert ihr Gehirn, wie MEG-Messungen Zeigten, stärker auf Töne.*
»Vermutlich wird musikalische Begabung zum großen Teil vererbt«, *sagt Dr. Schneider und verweist auf die deutlich vergrößerte Hirnstruktur bei den Profi-Musikern.* Doch lässt sich der Anteil, den die musikalische Erziehung in der Kindheit ausmacht, nicht bestimmen. *Diese Ergebnisse haben die Wissenschaftler jüngst in der renomierten britischen Fachzeitschrift* »Nature Neuroscience« *(Band 5, S. 688-694) veröffentlicht.*
Ansprechpartner: Dr. Annette Tuffs, Presse- und Öffentlichkeitsarbeit des Universitätsklinikums, Vossstrasse 2, D-69115 Heidelberg, Tel: 06221 – 56–4536

Musik und Mathematik:
Von Pythagoras bis MP 3 – Die Mathematik der Klänge

Für den antiken Mathematiker Pythagoras war die Sache klar: Der ganze Kosmos ist nach komplizierten Zahlenverhältnissen und Gleichungssystemen geordnet. Musik stellt nur eine akustische Variante davon dar.

Dementsprechend leitete er die ästhetische Wirkung von Musik aus berechenbaren Zahlenproportionen ab. Seine Aufteilung der musikalischen Zusammenklänge in Wohlklänge (Konsonanzen) und Missklänge (Dissonanzen) führte zu einem jahrtausendelangen Streit unter den Musikgelehrten, die bis auf den heutigen Tag versuchen, den musikalischen Wohlklang mit immer wieder neuen mathematischen Formeln zu errechnen.

Auch der »**Gradus ad parnassum**« , *das klassische Regelwerk, nach dem Mozart, Haydn, Beethoven und Schubert das musikalische Handwerk erlernten, leitet die Regeln für Konsonanzen und Dissonanzen aus mathematischen Gesetzmäßigkeiten ab, für deren Wirkung die moderne Hirnphysiologie sogar Nachweise gefunden zu haben glaubt.*

Letztlich beruht auch der aus dem **MP3-Player** *tönende* »**Wohlklang**« *auf nichts anderem als der Berechnung von digitalen Zahlenverhältnissen.*
(hr2-kultur, Di., 9.12.2008, 8:30 Uhr, von Niels Kaiser, Klavierkabarettist)

Gradus ad Parnassum

Gradus ad Parnassum (Aufstieg zum Parnass, ein Berg in Zentralgriechenland, der als Sitz der Musen gilt) ist das 1725 heraugegebene theoretische Hauptwerk von Johann Joseph Fux. Das auf Latein verfasste Werk wurde 1742 von Lorenz Christoph Mizler, einem Schüler Bachs, ins Deutsche übersetzt. Es diente bis ins 20. Jahrhundert hinein als Lehrbuch des Kontrapunkts. Die Wiener Schule, eine Vor- oder Frühform der Wiener Klassik, wurde von diesem Werk stark beeinflusst

MP3 – Player

*Ein MP3-Player oder MP3-Spieler ist ein Gerät***,** *das digital gespeicherte MP3-Dateien abspielt. Er ist der Nachfolger des Walkman.*
(Informationen aus verschiedenen Lexika)

Pythagoras

Pythagoras von Samos (*um 570 v. Chr.; + nach 510 v. Chr. in Metapont in der Basilicata.) war ein antiker griechischer Philosoph (Vorsokratiker) und Gründer einer einflussreichen religiös-philosophischen Bewegung. Als Vierzigjähriger verließ er seine griechische Heimat und wanderte nach Unteritalien aus. Dort gründete er eine Schule und betätigte sich auch politisch. Trotz intensiver Bemühungen der Forschung, gehört er noch heute zu den rätselhaftesten Persönlichkeiten der Antike.

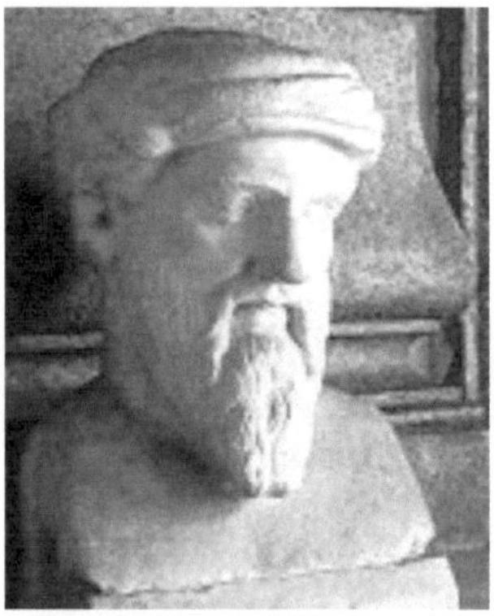

Büste des Pythagoras
Kapitolinisches Museum, Rom

Manche Historiker zählen ihn zu den Pionieren der beginnenden griechischen Philosophie, Mathematik und Naturwissenschaft, andere meinen, er sei vorwiegend oder ausschließlich ein Verkünder religiöser Lehren gewesen.

Möglicherweise konnte er diese Bereiche verbinden. Die nach ihm benannten Pythagoreer blieben auch nach seinem Tod kulturgeschichtlich bedeutsam.

Mathematik

Schon im 4. Jahrhundert v. Chr. führten Aristoteles und Aristoxenos die Anfänge der Mathematik bei den Griechen auf die Phythagoreer bzw. Pythagoras zurück. In der Spätantike und im Mittelalter war die Überzeugung allgemein verbreitet, Pythagoras sei der Begründer der Mathematik gewesen.

Damit war auch die Geometrie gemeint, der für die antiken Griechen wichtigste Teil der Mathematik.

Pythagoreischer Lehrsatz, fundamental in der gesamten Geometrie: In einem rechtwinkligen Dreieck ist das Quadrat der Hypotenuse gleich der Summe der Quadrate der Katheten

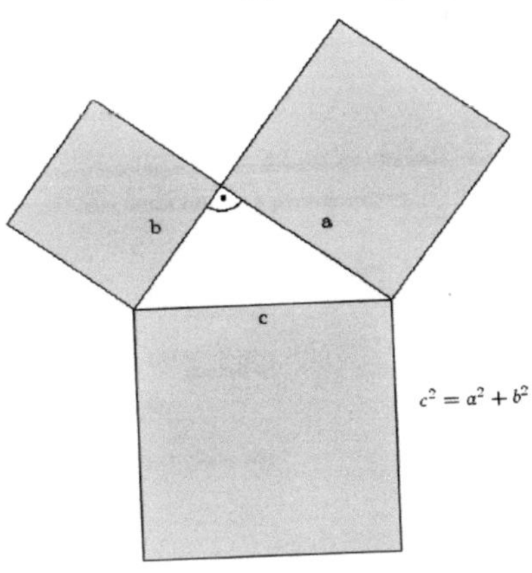

Musik

Die Ansicht, dass Pythagoras der Begründer der mathematischen Analyse der Musik gewesen sei, war in der Antike allgemein verbreitet und akzeptiert. Schon Platon führte die musikalische Zahlenlehre auf die Pythagoreer zurück, sein Schüler Xenokrates schrieb die entscheidende Entdeckung Pythagoras selbst zu. Es ging um die Darstellung der harmonischen Intervalle durch einfache Zahlenverhältnisse.

Veranschaulicht wurde dies durch Streckenmessung (Abhängigkeit der Tonhöhe von der Länge schwingender Saiten.)

In der Forschung stehen zwei Richtungen einander gegenüber, erstens, die »**Schamanismusthese**« (Typus der Schamanen), vertreten und begründet von **Walter Burkert**, zweitens, die »**Wissenschaftsthese**« vertreten vor allem von **Leonid Zhmud,** der die gegenteilige Pythagorasdeutung detailliert ausgearbeitet hat.

Die »**Schamanismusthese**« kann folgendermaßen zusammengefasst werden:

Pythagoras hat sehr wahrscheinlich keinen einzigen Beitrag zur Arithmetik, Geometrie, Musiktheorie und Astronomie geleistet und dies auch nicht beabsichtigt. Sein Anliegen war kein wissenschaftliches, sondern es ging ihm um spekulative Kosmologie, um Zahlensymbolik und besonders um die Anwendung magischer Techniken im Sinne des Schamanismus. Wissenschaftliche Bestrebungen traten- wenn überhaupt, erst nach dem Tod des Pythagoras hinzu. Von einer pythagoreischen Philosophie kann zu Lebzeiten des Pythagoras nicht gesprochen werden, sondern erst ab der Zeit des Pythagoreers Philolaos.

Nach der **Schamanismusthese** war es ebenso wie in der Mathematik auch in der Musik nicht das Anliegen des Pythagoras, musikalische Gegebenheiten durch Messung zu quantifizieren. Vielmehr ging es ihm darum, symbolische Beziehungen zwischen Zahlen und Tönen zu finden und so die Musik ebenso wie die Mathematik in das Gebäude seiner Kosmologie einzuordnen.

Die »**Wissenschaftsthese**«, die insbesondere von **Leonid Zhmud** vertreten wird, ist entgegensetzlicher Auffassung, sie besagt, dass es im griechischsprachigen Kulturraum zur Zeit des Pythagoras, die für Schamanismus typischen Phänomene nicht gab. Zhmud argumentiert, es habe bei den Skythen keinen Schamanismus gegeben und eine Beeinflussung Griechenlands oder Unteritaliens durch sibirischen Schamanismus, sei ohne skythische Vermittlung nicht vorstellbar.

Die **Wissenschaftsthese** vertritt ebenso den Standpunkt, das Pythagoras der Entdecker der musikalischen Harmonielehre war; er ging dabei empirisch vor (auf Erfahrung beruhend) und bediente sich des **Monochords.**

Seine Schüler setzten die Forschungen fort.

Walter Burkert hingegen bezweifelt, dass es damals schon ein Monochord mit verstellbarem Steg gab.

Die Überlieferung, wonach Pythagoras Musik gezielt zur Beeinflussung unerwünschter Affekte einsetzte, also eine Art Musiktherapie betrieb, wird von der Forschung als frühpythagoreisch eingestuft.

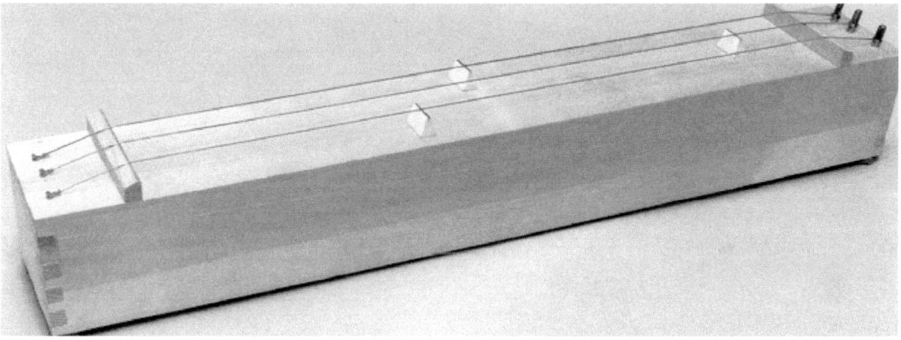

Monochord – mehrsaitig. Abbildung: Deutsches Museum, München

Monochord

Ein Monochord (griech. Mono = eins, Chord = Saite, oder Einsaiter) ist ein Instrument, das aus einem länglichen Resonanzkasten besteht, über den der Länge nach eine Saite gespannt ist.

Diese kann mit Hilfe eines Stegs, der beweglich unter ihr angebracht ist, geteilt werden. Das Teilungsverhältnis kann auf einer Skala, auf der Decke des Resonanzkastens, abgelesen werden. Einfache Teilungsverhältnisse ergeben Konsonanzen, komplizierte Dissonanzen.

Es geht auf den griechischen Philosophen Pythagoras zurück (6. Jhdt. V. Chr.) Er entwickelte es, um musiktheoretische und physikalische Zusammenhänge zu demonstrieren.

Das Monochord in seiner jetzigen Form hat mit seinem antiken Vorbild nur noch gemeinsam, dass die (inzwischen zahlreichen Saiten) auf einen (den selben) Ton gestimmt sind.

Man kann auf dem Monochord Musik machen und experimentieren.

Walter Burkerkt
(2. Februar 1931 in Neuendettelsau) ist Professor emeritus für Altphilologie an der Universität Zürich und gilt als einer der hervorragendsten Kenner der griechischen Religion und Mysterienkulte.*
Walter Burkert studierte Altphilologie, Geschichte und Philosophie an der Universität Erlangen und der Universität München und wurde 1955 an der Universität Erlangen zum Doktor der Philosophie promoviert. 1962 habilitierte er in Nürnberg mit Weisheit und Wissenschaft.
Studien zu Pythagoras, Philolaos und Platon.
Er verfasste 17 Bücher und hunderte von Artikeln, einschließlich Beiträgen zu Enzyklopädien. Er ist seit 1999 Träger des Ordens Pour le Merite für Wissenschaft und Künste und erhielt bisher fünf Ehrendoktortitel. 2008 wurde er mit dem »Großen Verdienstkreuz« des Verdienstordens der Bundesrepublik Deutschland mit »Stern« geehrt.

Leonid Zhmud, Dr. Phil.
(1956 in Lwow), Studium der Antiken Geschichte an der Leningrader Universität.*
Er arbeitet z.Zt. an einem Projekt »Wissenschaftsgeschichte in der Antike«. Das Resultat seiner Forschungen soll ein Buch mit demselben Titel sein.
Hauptthemen des Buches: Vorläufer der peripatetischen Wissenschaftsgeschichte; Geschichte der Mathematik, Astronomie, Physik und Medizin bei den ***Peripatetikern****; Wissenschaftsgeschichte im Hellenismus und in der Spätantike;*

Nachleben der antiken Wissenschaftsgeschichte im arabischen Mittelalter, in der Renaissance und der Neuzeit (bis Ende des 18. Jahrhunderts).
Lektüreempfehlung:
Zhmud, Leonid. Wissenschaft, Philosophie und Religion im frühen ***Pythagorismus.*** *Berlin: Akademie Verlag, 1997*

Peripatos *(Peripatetiker) ist der Name der philosophischen Schule des Aristoteles.*
Wie die anderen philosophischen Schulen Athens (Akademie, Stoa, Kepos) erhielten sie den Namen von dem Ort, an dem der Unterricht stattfand, in diesem Fall von den ***»Peripatos«*** *(Wandelhalle). Die Angehörigen der Schule heissen Peripatetiker.*
(Informationen aus Wikipedia, der »freien Enzyklopädie«)

Instrumentalspiel mit Behinderten

Während meines Rhythmik-Studiums interessierte mich die Heilpädagogik immer mehr, so dass sich bald der Wunsch entwickelte, irgendwann mit Behinderten zu arbeiten.

Anwendungsgebiete in der Rhythmik sind:

1. **Heilpädagogik**
2. Sozialpädagogik
3. Allgem. Pädagogik
4. Musikpädagogik (Musikschulen, Ausbildungsseminare)
5. Rhythmik in der Bewegungserziehung

Randgebiete der Rhythmik:

1. Rhythmik in der Freizeitgestaltung
2. Rhythmik in der bildenden Kunst

Zielsetzungen der Rhythmik:

1. Musikalischer Bereich
2. Körperlicher Bereich
3. individuell-psychologischer Bereich
4. soziologischer Bereich

1985 wurde in der NMZ (Neue Musikschul-Zeitung) ein berufsbegleitender Fortbildungslehrgang angeboten **»Instrumentalspiel mit Behinderten an Musikschulen«**, der vom Verband deutscher Musikschulen in Verbindung mit der Akademie Remscheid durchgeführt wurde, zu dem ich mich umgehend anmeldete.

Die Fortbildung fand in Fortsetzung des Modellversuchs »**Instrumentalspiel mit Behinderten und von Behinderung Bedrohten**«, Kooperation zwischen Musikschule und Schule statt, der vom Kultus-Minister NW, dem Bundesministerium Bildung und Wissenschaft und dem Verband deutscher Musikschulen finanziert wurde

»Behinderte Kinder sind ebenso musikalisch wie nicht behinderte. Sie erleben die Musik oft sogar besonders intensiv und entwickeln einen starken Ausdruckswillen, wenn sie ein Instrument in die Hand bekommen«, sagte der Initiator des »**Bochumer Modellversuchs**« Prof. Dr. Werner Probst, Professor für Behindertenpädagogok an der Uni Dortmund. (leider inzwischen verstorben)

Man will den Schülern helfen:

Die Möglichkeiten instrumentalen Spielens zu erfahren
die Freizeit sinnvoll zu gestalten
die Breite des musikkulturellen Angebotes der Gegenwart kennenzulernen
kommunikatives Verhalten zu üben und zu erleben
mit Nichtbehinderten gemeinsam zu musizieren

Neben dem Erreichen dieser musikpädagogischen Ziele ist zu erwarten, dass diese Ausbildung sowohl eine kompensatorische wie therapeutische Wirkung hat:

im Hinblick auf die Sensibilisierung der auditiven und taktilen Wahrnehmung,
im Training der Psychomotorik,
in einer Verbesserung des Selbstwertgefühls mit dessen positiven Auswirkungen auf den gesamten Lebensbereich

Es geht im wesentlichen auch um die Integration im Sinne von Gleichstellung der Behinderten, hiervon kann gesprochen werden,

wenn ein enger Kontakt zwischen Behinderten und Nichtbehinderten besteht,
wenn in gemeinsamen Aktivitäten Behinderte wie Nichtbehinderte sich gegenseitig anregen, helfen, unterstützen, Verhaltensunsicherheiten, Vorurteile und Ängste abbauen.

Die Notwendigkeit einer Kooperation von Musikschule und Sonderschule und damit die Zusammenarbeit von Musikschullehrern und Sonderschullehrern wird in drei Faktoren bestimmt:

1. Der Schüler soll nach seinen Möglichkeiten und Fähigkeiten entsprechend gefördert werden, das bedeutet, dass man nicht nur über die Fähigkeiten des Schülers, sondern auch über seine Beeinträchtigungen und deren Ursachen Kenntnis hat. Diese Informationen besitzt der Sonderschullehrer. Er ist für den Musiklehrer der wichtige Ansprechpartner.

2. Zusammenarbeit und Abstimmung der Unterrichtsinhalte. Darüber hinaus kann das Instrumentalspiel sinnvoll in den Unterricht und in das Schulleben eingegliedert werden.

3. Organisatorische Zusammenarbeit der Lehrer bzw. der beiden Institutionen.

Nach einer erfolgreichen Abschlussprüfung vom 15. bis 19. September 1986 hatte ich das Lehrgangsziel der 2jährigen berufsbegleitenden Fortbildung erreicht.

Verband deutscher Musikschulen e.V. VdM

in Verbindung mit der

Akademie Remscheid
für musische Bildung
und Medienerziehung

Zeugnis

Frau Brigitte M a n n s

hat in der Zeit vom 28. Januar 1985 bis 19. September 1986 am berufsbegleitenden Lehrgang

INSTRUMENTALSPIEL MIT BEHINDERTEN AN MUSIKSCHULEN

teilgenommen und sich vom 15. bis 19. September 1986 erfolgreich der Abschlußprüfung unterzogen und damit das Lehrgangsziel erreicht.

Remscheid, den 19. September 1986

Prof. Diethard Wucher
Vorsitzender des Verbandes
deutscher Musikschulen

Prof. Bruno Tetzner
Akademie Remscheid

Dozenten:

Prof. Dr. Werner Probst
Universität Dortmund
Stellvertretender Vorsitzender des VdM

Karin Hedderich
Musikschule Bochum

Josef Held
Musisch-kulturelle Bildungsstätte
für Behinderte, Rastatt

Dr. Beatrix Lumer-Henneböle
Universität Dortmund

Dr. Irmgard Merkt
Universität Dortmund

Berufsbegleitender Lehrgang INSTRUMENTALSPIEL MIT BEHINDERTEN AN MUSIKSCHULEN

vom 28. Januar 1985 - 19. September 1986

Lehrgangsziel

Befähigung für den Instrumentalunterricht und das Instrumentalspiel mit behinderten Kindern, Jugendlichen und Erwachsenen im Rahmen der Musikschularbeit.

Organisation

Der berufsbegleitende Lehrgang gliedert sich in 4 einwöchige Kompaktphasen sowie 3 dazwischenliegende Praxisphasen.

Voraussetzung für die Vergabe des Zeugnisses

Teilnahme an allen Kompaktphasen, Vorlage aller für die Praxisphasen gestellten schriftlichen Aufgaben. Unterrichtspraktische Tätigkeit im Instrumentalspiel mit Behinderten während des Lehrgangs, Teilnahme an der Abschlußprüfung.

Fächer und Inhalte

- Instrumentalspiel mit Behinderten

  Musikpsychologische Grundannahmen - Motivation zum Instrumentalspiel - Instrumentalpädagogik und Musiktherapie - Bedeutung von Motorik und Psychomotorik für das Instrumentalspiel - Erarbeitung inhaltlicher und methodischer Aspekte in der musikalischen Arbeit mit behinderten Schülern - Konzepte inhaltlicher Zweigleisigkeit von Grundausbildung und Ausbildung am Instrument - besondere Probleme einer musikalischen Grundausbildung bei Behinderten

- Grundlagen der Sonderpädagogik

  Geschichtlicher Überblick zur Sonderpädagogik - Das Sonderschulaufnahmeverfahren - Zum Begriff der Behinderung und Entstehung von Behinderung - Modell sonderpädagogischer Arbeit - Das Fach Musik an Sonderschulen - Theoretische Ansätze aus Entwicklungs- und Lernpsychologie - Grundlagen aus dem Bereich der Wahrnehmungspsychologie

- Bereiche der Musikpraxis

  Improvisationsmodelle - Arrangieren und Umarrangieren von Spielliteratur - Möglichkeiten der Verbindung von Musik und Puppenspiel, darstellendem Spiel, Kinderliteratur - Sprachspiele - Singen - Rhythmik - Volkstanz - Rollstuhltanz

- Unterrichtsvorbereitung und -praxis

  Anregungen zur methodisch-didaktischen Planung - Entwürfe von Unterrichtseinheiten zur Motivationsphase - Entwicklung eines eigenen Instrumentalspiel-Modells- Modelle zur Integration von Behinderten und Nichtbehinderten

- Planung und Organisation

  Kontaktaufnahme zu Behörden - versicherungs- und finanztechnische Fragen - Elternarbeit - Teamarbeit - Zusammenarbeit zwischen Musikschule und Schule

Instrumentalunterricht – Schule für Lernbehinderte – Musikschule

Während der Praxisphasen hatten alle Teilnehmer die Aufgabe, an verschiedenen Behindertenschulen, die wir selber aussuchen mussten, zu hospitieren. So fuhr ich, z.B., 6 Wochen lang, 1 x wöchentlich, zu einer GB Schule (Schule für geistig Behinderte) nach Düsseldorf und hospitierte im Instrumental unterricht. (Klavier, Akkordeon, Blockflöte). Eine weitere Hospitation hatte ich 1985 an der LB Schule (Schule für Lernbehinderte) in der Lentzestr. in Wuppertal. Die Schulleiterin bat mich, an ihrer Schule Blockflötenunterricht zu erteilen. Genehmigt wurde der Unterricht durch den damaligen Beigeordneten Herrn Jüchter und dem damaligen Musikschulleiter.

Es war erstaunlich, welche beachtlichen Fortschritte sich bei den Schülern entwickelten; dies war aber nur in Zusammenarbeit mit der damaligen Sonderschullehrerin (Klassenlehrerin) möglich, da sie die Bezugsperson war, sie wusste, bei welchen Schülern eine entsprechende Lernbereitschaft zu erwarten war. Außerdem erteilte ich Elementarunterricht (Gruppenunterricht 2. u. 3. Schuljahr. Nach einer gewissen Zeit war dieser Unterricht für mich nicht mehr möglich, die nervliche Belastung war zu groß. Ohne Ausnahme war jedes Kind verhaltensauffällig, bedingt durch das soziale Umfeld, in dem die Kinder aufwachsen. Der Sonderschullehrer (Klassenlehrer) verfügt in solchen Situationen über eine andere Ansprache und mehr Erfahrungen im Umgang mit diesen Schülern.

Trotzdem spürte ich die Dankbarkeit und Freude der Kinder, denn der Musikunterricht, den ich mit Liedern und Instrumentarium abwechslungsreich gestaltete, war für sie schließlich »Neuland«, und konnte somit auch große Erfolge verzeichnen.

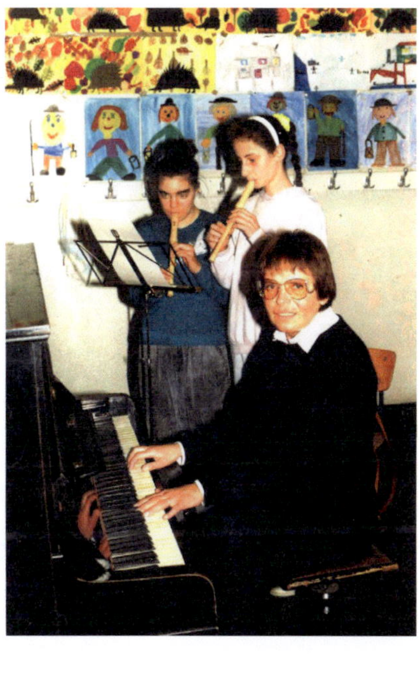

Blockflöten-Schüler während des Unterrichts, Schule Lentzestraße

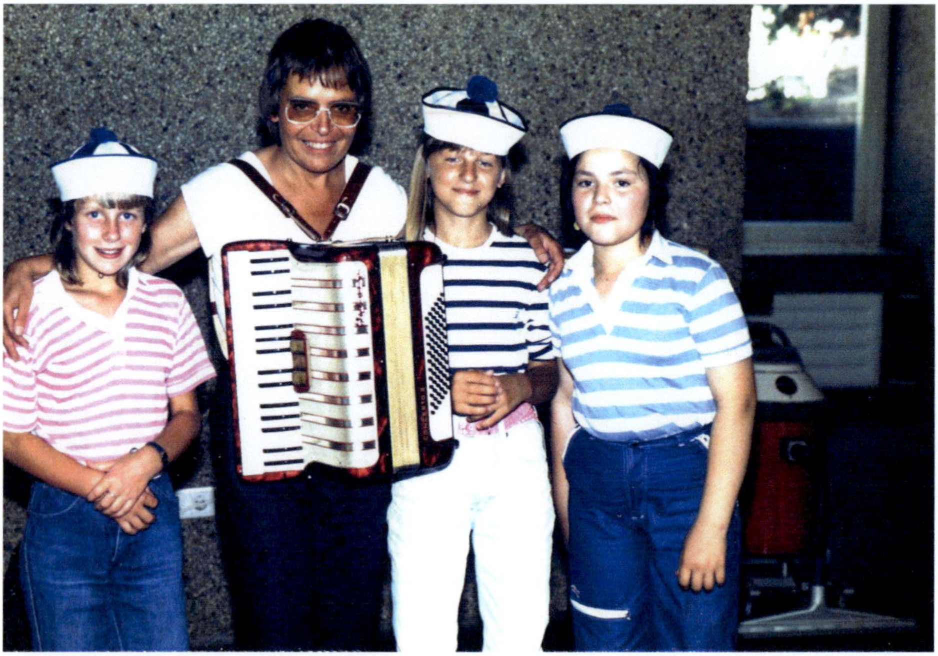

Sommerfest Juli 1986 - Schule Lentzestr./Wuppertal
Alexandra, Katherina, Sengül

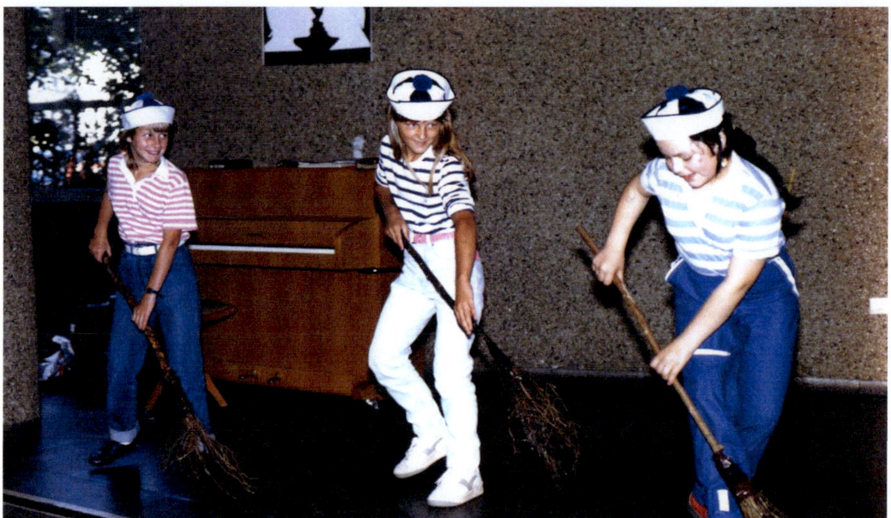

»Schiffsjungen-Tanz« Sommerfest Juli 1986, Schule Lentzestraße

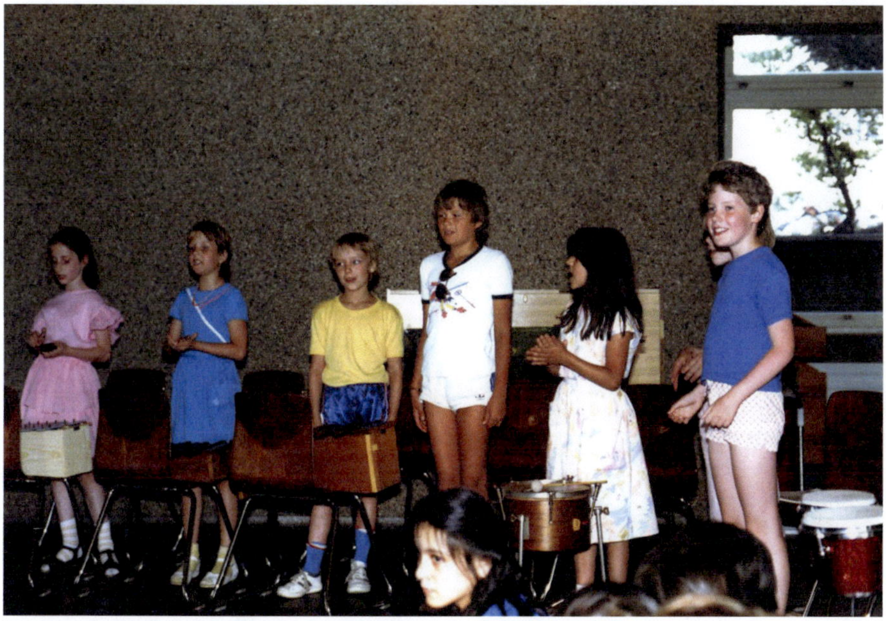

Sommerfest Juli 1986, Elementar-Gruppe, Schule Lentzestraße

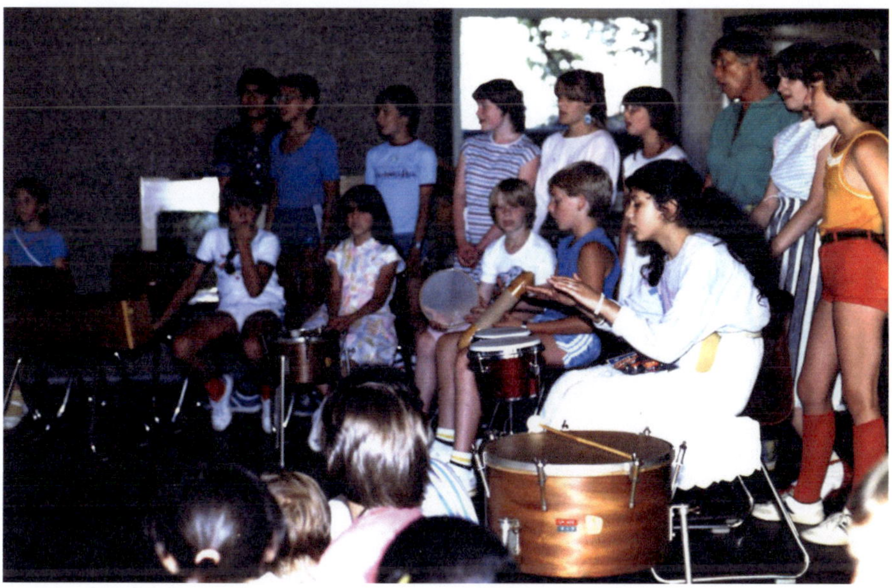

Sommerfest Juli 1986, Elementar-Gruppe, Schule Lentzestraße

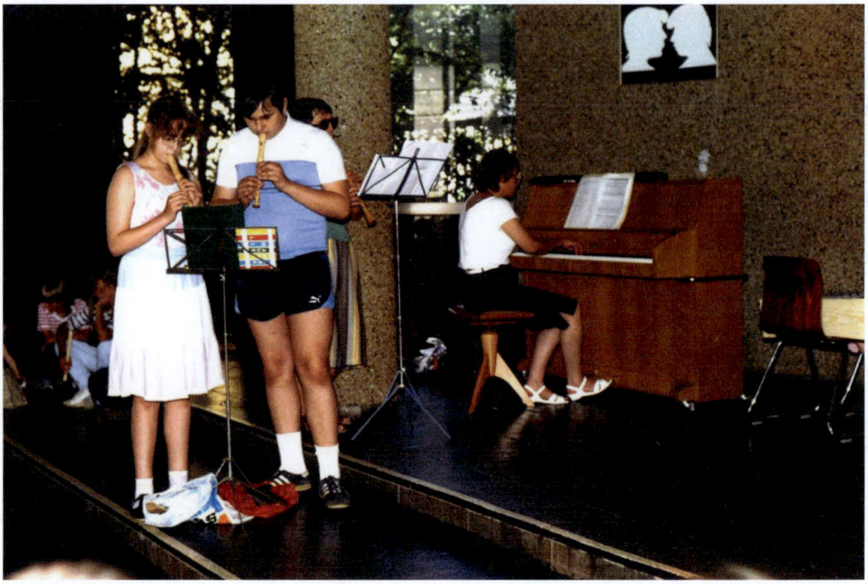

Blockflöten-Schüler, Sommerfest Juli 1986, Schule Lentzestraße

Wie zu sehen ist, war Michael ein kräftiger Junge, sein Alter weiß ich nicht mehr; eine Dozentin des damaligen Fortbildungsteams war der Meinung, nachdem sie die Fotos gesehen hatte, Michael müsste unbedingt Alt-Flöte spielen, aus fachlicher und optischer Sicht wäre das sehr sinnvoll gewesen, den gleichen Gedanken hatte ich auch, aber wer sollte die Alt-Flöte finanzieren? Die Schule mit Sicherheit nicht und die Eltern sowieso nicht. Also, blieb es beim Wunsch …

Am 2. April1987, 19.00 Uhr, veranstaltete ich in der Aula des Gymnasiums »Am Kothen«, Schluchtstr., Wuppertal-Barmen, wie seit vielen Jahren wieder einen »Musizierabend« (Schülerkonzert). **E**s war ein besonderes Konzert, und zwar, mit **Behinderten und Nichtbehinderten**.

Mitwirkende waren:

Schüler der Berg. Musikschule
Schüler der LB Schule – Lentzestr
Familien-Chor der Vereinigt-Evangelischen Gemeinde – Unterbarmen-West
(unter meiner Leitung)

Einige Sonderschullehrer, einschl. der Schulleiterin der Schule Lentzestr., waren selbstverständlich zu diesem Konzert erschienen. Das Konzert war ein großer Erfolg mit vielen positiven Resonanzen.

Meine Absicht war, ein Zeichen zu setzen, dass es möglich war, mit **Behinderten und Nichtbehinderten** gemeinsam zu musizieren, kommunikatives Verhalten zu üben und zu erleben, die Behinderten zu integrieren, im Sinne von Gleichstellung. Vorurteile, Ignoranzen und Berührungsängste gegenüber Behinderten abzubauen, um den Weg zu ebnen, für mehr Verständnis und Akzeptanz.

Das gemeinsame Abschlusslied an diesem Abend war:

»Wolln wir ein Weilchen zusammen gehen«
(v. Margarete & Wolfgang Jehn)

Und regnets mir zum Dach herein, Dach herein, Dach herein,
dann wart ich auf den Sonnenschein, hejo, hejo, hejo

Wolln wir ein Weilchen zusammen gehen, zusammen gehen,
zusammen gehen,
wolln wir ein bisschen im Regen stehn, hejo, hejo, hejo

Und hab ich auch im Strumpf ein Loch, Strumpf ein Loch, Strumpf ein Loch,
das macht mir nichts, ich kenn mich doch, hejo, hejo, hejo

Wolln wir ein Weilchen …

Hab ich auch auf dem Kopf kein´Hut, Kopf kein´Hut, Kopf kein´Hut,
mir geht es trotzdem richtig gut, hejo, hejo, hejo

Wolln wir ein Weilchen …

An der LB Schule – Lentzestr. unterrichtete ich insgesamt 6 Jahre, 1 x wöchentlich

Steigerung des Selbstwertgefühles für Behinderte

Die Integration von Behinderten ist das Ziel der Kooperation der Musikschule mit der Sonderschule für Lernbehinderte Lentzestraße. Für behinderte Kinder bedeutet das Erlernen eines Musikinstrumentes eine Steigerung ihres Selbstwertgefühls und die Förderung ihrer körperlichen und geistigen Fähigkeiten. Um eine Integration zu erreichen, ist ein enger Kontakt zwischen Behinderten und Nichtbehinderten notwendig, sind gemeinsame Aktivitäten, bei denen sich Behinderte und Nichtbehinderte gegenseitig anregen, helfen und unterstützen, dringend erforderlich. Der Musikunterricht in der Schule Lentzestraße wird von Frau Manns erteilt. WZ Do., 5. 2. 1987

BERGISCHE MUSIKSCHULE 5600 WUPPERTAL 1, BRILLER STR. 2

Donnerstag, 2.4.1987, 19⁰⁰ Uhr
Gymnasium "Am Kothen" Schluchtstr., Wuppertal 2

M U S I Z I E R A B E N D

Mitwirkende: Schüler der Bergischen Musikschule
Schüler der Schule Lentzestr.
Familien-Chor der Vereinigt-Evangelischen Gemeinde - Unterbarmen - West

Musik. Leitung: Brigitte Manns

Alle Eltern und Musikinteressierte sind herzlich eingeladen!

P R O G R A M M

R.R. Klein	Willkommen euch allen	Chor
J.C.F. Bach	Menuett C-Dur	**Andrea Grünewälder**
L. Mozart	Menuett Nr. 6	
L. Mozart	Menuett Nr. 1 u. 2	**Katrin Schütte**
H. Lemmermann	Bitte gib mir doch ein Zuckerstückchen	Elementargruppen
H. Coenen	Hundertzwei Gespensterchen	
J.Chr. Bach	Rondo I Allegro (4-händig)	Joachim Tracht Michael Tracht
G.F. Händel	Suite d-moll Nr. 11, Allemande	Ivo Görlach
Fr. Koschinsky	Wenn ich ein Vöglein wär	Blockfl.-Gruppe
	Der Kuckuck u. der Esel	
Anonymus	Au clair de la lune	u. Akk. u. Klv.
A.d. Eisbrecher	Die Räuber v. Toulouse	Chor
	La Polka	u. Blfl.-Gruppe
J. Nissl	Aus der Hoamat	Akk.-Duett Tanja Kaluschke B. Manns
Anonymus	La Gamba	Blockfl.-Gruppe
Anonymus	Sprungtanz	" "
J. Haydn	Divertimento Nr. 1, Allegro	Julia Schweizer
G.F. Händel	Sonate g-moll Larghetto, Andante, Presto	Gaby Hoffmann A.-Fl.
A.Jugoslawien	Werft 'nen Heller auf den runden Teller	Chor u. Elementar-Gruppen

- lo Minuten Pause -

Musizierabend am 2.4.87

Anonymus	Ein Mann, der sich Kolumbus nannt	Chor
James Hook	Andante - Menuett	Blockfl.-Gruppe
W. Roehr	Im Duett Nr. 1 u. 2 S-Fl. u. A-Fl.	Susanne Großmann Gaby Hoffmann
	Im Terzett Nr. 1 u. 3 2 S-Fl. u. 1 A-Fl.	Susanne Großmann Gaby Hoffmann Julia Schweizer
J. Nissl	Aus'n Oberösterreich	Akk.-Duett Tanja Kaluschke B. Manns
Anonymus	My Bonnie is over the ocean	Chor u. Blf.
A. England	Auf, grüner Jung	
A.F. Müller	Scherzo G-Dur	Nicol Timmer
L.C. Daquin	Le Coucou	Michael Platte
A.Skandinavien	Ack, Värmeland, du sköna	Blockfl.-Gruppe
		Akk. u. Gitarre
Volkstanz	Tanz a.d. Moskwa	
J. Richman	Egyptian Reggae	Blockfl.-Gruppe u. Klv.
G. Peter	Erinnerung a. Zirkus Renz	Akk.-Duett Tanja Kaluschke B. Manns
Anonymus	"Rhythmus ist Spitze"	Gemeinsames rhythmisches Wörter-Spiel
H. Peters Jr.	Singen mit Bach	Chor
England	Wolln wir ein Weilchen zusammen gehn (gemeinsames Abschlußlied)	

- - - - - - - - - - - - - - -

Änderungen vorbehalten!

EINTRITT FREI

Im Verlauf des berufsbegleitenden Lehrganges »**Instrumentalspiel mit Behinderten an Musikschulen**« in der Akademie Remscheid, (Kompaktphase) besuchten wir von dort aus, mit dem Bus, die »**Leverkusener Stadtmusikanten**«, ein Orchester mit 14 geistig Behinderten, drei Lehrern und fünf Elternteile spielten in dem Orchester mit, das sich seinen Namen von den »Bremer Stadtmusikanten« entliehen hatte und von zwei Sonderschullehrern geleitet wurde.
Ich war sehr beeindruckt, mit welcher Begeisterung die Behinderten musizierten. So kam mir der Gedanke, auch in Wuppertal, im Rahmen der Berg. Musikschule, ein solches Orchester aufzubauen. **Die Idee war geboren**!

> *»Alles in der Welt kommt auf einen gescheiten Einfall und auf einen festen Entschluß an« (Goethe)*

Im Februar 1989, erschien in der damaligen Musikschulzeitung der »Berg. Musikschule« ein Porträt von mir, in welchem mein umfangreicher musikalischer Werdegang (Jugend – Musikstudium – Unterrichtstätigkeit) beschrieben wurde. Aus dem Bericht ging u.a. hervor, dass ich auch Behinderte unterrichtete. Daraufhin meldete sich eine Mutter eines geistig behinderten Mädchens mit Down-Syndrom. Sie bat mich, ihrer Tochter das Blockflötenspiel nach Noten zu lehren, sie konnte schon etwas Blockflöte spielen. (*Näheres unter Musikpsychologische Überlegungen …)*

Der Mutter erzählte ich von meiner Idee, ein Ensemble mit geistig Behinderten und Nichtbehinderten zu gründen. Sie war sofort begeistert und berichtete ihrem Mann davon, der zufälligerweise zum Vorstand des Fördervereins der GB-Schule Melanchthonstrasse gehörte. Die erforderlichen Formalitäten wurden schnell geregelt, und es kam im Oktober 1991 zu einer Gesprächsrunde mit dem damaligen Musikschulleiter der Bergischen Musikschule, der stellvertretenden Schulleiterin der Schule Melanchthonstr., einige Eltern der behinderten Schülern und mir. Organisatorische und finanzielle Notwendigkeiten wurden abgesprochen und »grünes Licht« zum Start gegeben.

Mit ca. 12 geistig behinderten Schülern, einer Lehrerin mit ihrer Blockflöte und Eltern der behinderten Schüler, die Handtrommeln, Pauken, Xylophon, Glockenspiele spielten, wagten wir unsere ersten musikalischen Gehversuche.

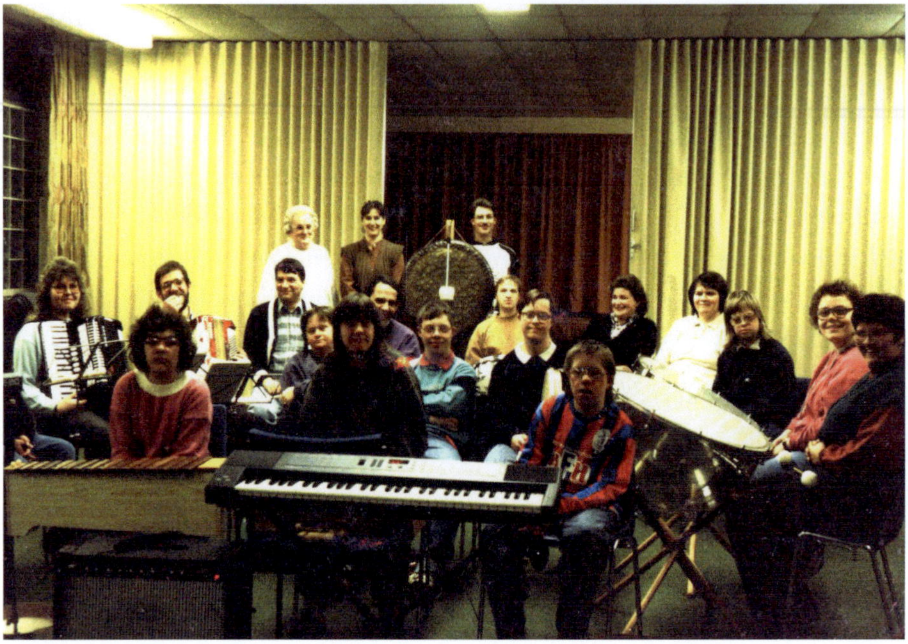

»Regenbogenmusikanten«während einer Probe in GB-Schule »Am Nordpark«

Die intensive Suche nach zusätzlichen Spielern hatte Erfolg. Udo und Lothar, zwei erwachsene junge Männer von der Lebenshilfe Cronenberg, kamen zu uns. Udo, geistig behindert, Lothar, lernbehindert.

Udo spielte mit Begeisterung Mundharmonika und es schien, als wäre er mit ihr verwachsen. Er hatte ein super musikalisches Gehör, um das ihn sicher mancher Musikstudent beneidet hätte. Sein Repertoir umfasste ca. 500 Musiktitel, die er auswendig spielte, welches sich im Laufe der Jahre, innerhalb des Musikensembles, um eine Vielfalt erweiterte. Leider hatte er an der rechten Hand eine Behinderung, so dass er keine chromatische Mundharmonika (Halbtonschritte) spielen konnte.

Nach Anfrage bei der Frirma HOHNER, wäre es technisch möglich gewesen, den Schieber für die Halbtonschritte, an der rechten Seite der Mundharmonika zu installieren, jedoch nach einigen Überlegungen kamen wir zu dem Entschluß, dies nicht zu tun. Für ihn wäre es eine zu große Umstellung gewesen und technisch nicht zu bewältigen.

Fast jede Ensemble-Probe endete mit seinen Worten: **»Das war heute mal wieder schön«!**

Lothar konnte Noten lesen, spielte Akkordeon, Keyboard und hatte selber ein Musikstück komponiert, welches während unseres **ersten öffentlichen Auftrittes am 11.6.92,** in der Aula des Gymnasiums »Am Kothen« uraufgeführt wurde. Inzwischen war er in unserem Ensemble »aufgerückt«.

Er spielte das große Schlagzeug und bekam an der Berg. Musikschule Schlagzeugunterricht, um sich in der Technik noch zu verbessern; er hatte vorher schon in einer anderen Band Schlagzeug gespielt.

Für ihn war es die optimale Lösung, als Epileptiker musste er schwere Antiepileptika nehmen, dadurch war seine Feinmotorik stark eingeschränkt und verlangsamt. Da beim Schlagzeug überwiegend die Großmotorik im Vordergrund steht, konnte er dieses technisch besser bewältigen und hatte somit auch ein größeres Erfolgserlebnis.

Weiter kam eine Mutter mit ihrer geistig behinderten Tochter zu uns, Hanna, sie spielte in unserem Ensemble eine Handtrommel; als Mädchen hatte die Mutter Akkordeon gespielt, aus Liebe zu ihrer Tochter holte sie es wieder hervor und unterstützte uns musikalisch mit Begeisterung und viel Elan.

Ebenso konnte ich eine langjährige Schülerin von mir (Klavier/Blockflöte) für unser Ensemble gewinnen. Sie spielte sehr virtuos ein Digital-Horn, auf dem die Klangfarben verschiedener Blasinstrumente eingestellt werden konnten. Für das Ensemble war sie eine große Bereicherung.

Im Laufe der Zeit wurde aus dem anfänglichen Muzizierkreis ein »richtiges« Orchester. Der Förderverein der GB-Schule hatte ein Keyboard gekauft und so konnte ich die Musikstücke unseres Repertoires musikalisch besser gestalten.

Durch Generationsüberlagerungen (Alter 16, 20 bis Ende 40), unterschiedliche musikalische Voraussetzungen und Vorstellungen, verschiedene Instrumente (Keyboard, Akkordeon, Mundharmonika, Digital-Horn, Saxophon, Schlagzeug, Pauken, Bongos, Handtrommeln und weitere Rhythmusinstrumente), hatte sich eine folkloristisch lebhafte Musik verschiedener Stilrichtungen entwickelt.

Nach unserem ersten öffentlichen Auftritt am 11.6.92 in der Aula des Gymnasiums »Am Kothen«, in Wuppertal, folgten weitere Einladungen zu verschiedenen Veranstaltungen.

Ein festes »Standbein« hatten wir inzwischen und in den folgenden Jahren in der »**Färberei**« in Wuppertal, ein Kommunikationszentrum für behinderte und nichtbehinderte Menschen e.V.

Den ersten Trip über die Grenzen Wuppertals hinaus, mit einem Konzert im Kursaal von Nümbrecht, konnten wir ebenso mit großem Erfolg verzeichnen.

Erster Auftritt !

Musikensemble

BEHINDERTE --- NICHTBEHINDERTE

stellt sich vor

(GB Schule "Am Nordpark" – Bergische Musikschule)

Donnerstag, 11.6.92, 18.00 Uhr

Aula Gymnasium "Am Kothen", Schluchtstr.

Weiter wirken mit : Grundkurs-Schüler und Instr.-Schüler der Bergischen Musikschule

Musikalische Leitung : BRIGITTE MANNS

Wuppertal

Alle Eltern und Musikinteressierte sind herzlich eingeladen !

Lothar Stein

Sonnenaufgang — Aus Schwaben
Auf de schwäbsche Eisenbahne — A.W. Ketèlbey
Auf einem persischen Markt — Anonymus
Theo mach mir ein Bananenbrot — aus Rußland
Katjuscha — aus Rußland
Moskauer Nächte

Es ist Sonne genug; es ist Acker genug; hätten wir nur Liebe genug.

Björnstjerne Björnson

Evangelische Kirchengemeinde Langerfeld
zu Christi Himmelfahrt '95
Bornscheuer Haus

Normal ist verschieden zu sein...

Einen herzlichen Danke für das Mitgestalten unseres Diakonie-Sonntags am Stahlsberg

Do., 21. 3. 1996, um 19³⁰ Uhr
Gemeindezentrum Stahlsberg
„Regenbogenmusikanten“

Bergische Musikschule

REGENBOGEN

6 Jahre 1991 - 1997

MUSIKANTEN

Behinderte musizieren & Nichtbehinderte gemeinsam

Festschrift

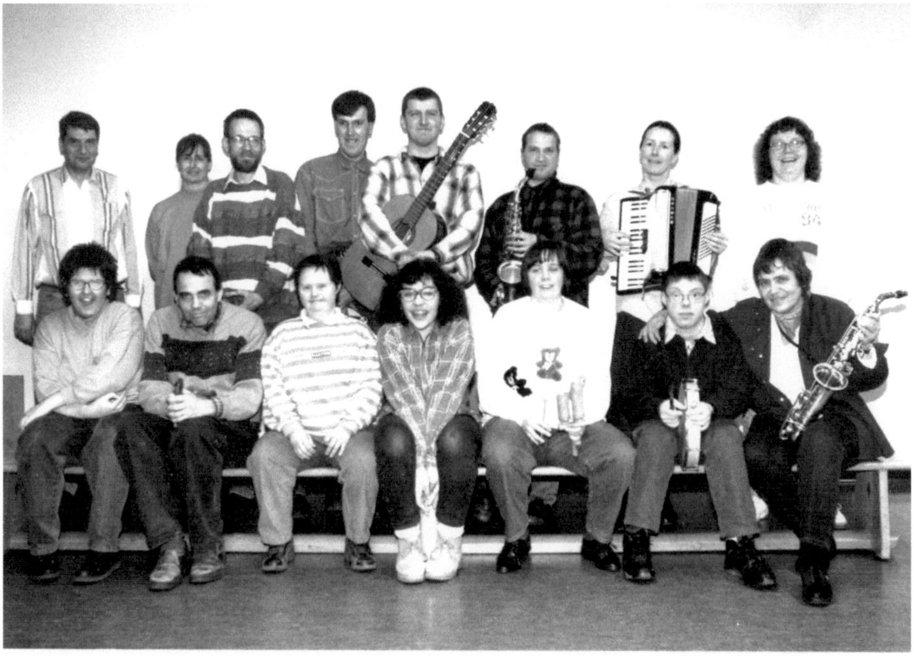

Die »Regenbogenmusikanten« in der Besetzung von 1996. Foto: A.Zeis-Loi Wuppertal

»Ein bunter Regenbogen«

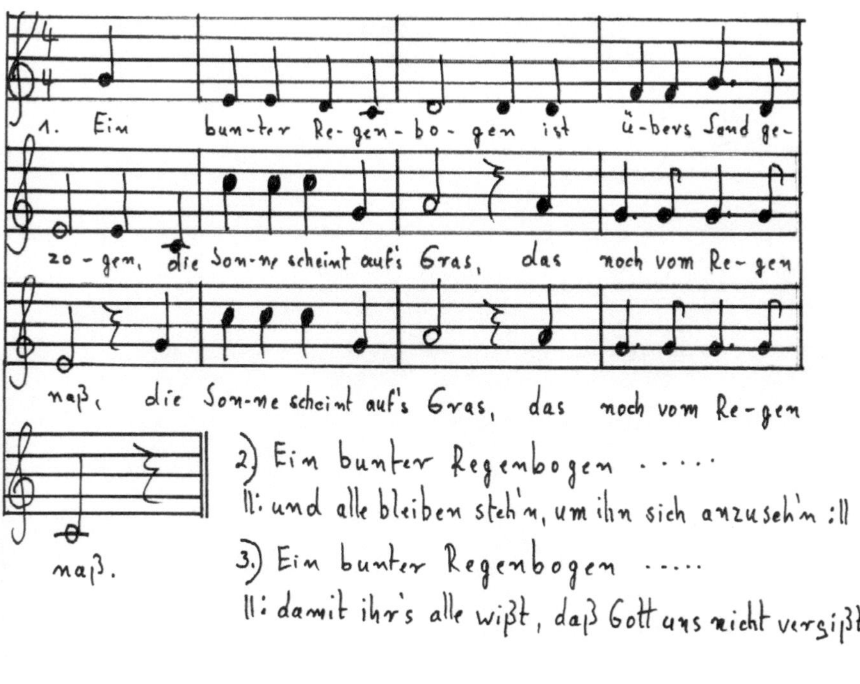

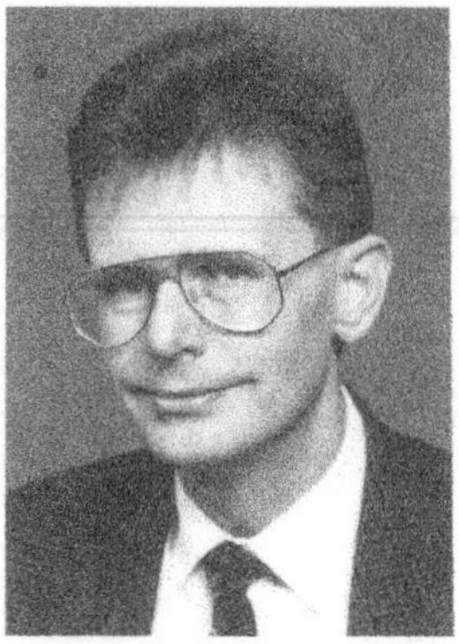

Oberbürgermeister Dr. Hans Kremendahl

Grußwort für die Festschrift zum sechsjährigen Bestehen der „Regenbogenmusikanten"

Der amerikanische Schriftsteller Henry Wadsworth Longfellow hat einmal gesagt: „Musik ist die gemeinsame Sprache der Menschheit". Von der Richtigkeit dieser Aussage bin ich überzeugt. Musik kennt auch in meinen Augen keine Grenzen, macht keine Unterschiede.

Ein gutes Beispiel dafür sind die Wuppertaler „Regenbogenmusikanten". Das Ensemble wurde 1991 von der engagierten Musiklehrerin Brigitte Manns im Rahmen der Bergischen Musikschule gegründet und setzt sich aus geistig Behinderten und Nichtbehinderten zusammen.

Auch wenn die körperlichen Voraussetzungen für die einzelnen Bandmitglieder unterschiedlich sind, so ist ihnen allen gemeinsam das Talent und die Freude an der Musik sowie der Erfolg bei den zahlreichen öffentlichen Auftritten.

Mindestens genauso wichtig ist jedoch, daß die Gruppe in den sechs Jahren, in denen sie nun besteht, musikalisch wie menschlich eng zusammengewachsen ist und die Behinderten durch das gemeinsame Üben und Spielen Anerkennung und Selbstbestätigung erfahren.

In diesem Sinne wünsche ich den „Regenbogenmusikanten" weiterhin viel Vergnügen bei ihrem schönen Hobby und hoffe, daß sie uns noch lange Zeit mit ihren Darbietungen begeistern werden.

Wuppertal, 3. Dezember 1997

Dr. Hans Kremendahl

Behinderung?

Eine Variante unserer Daseinsform?

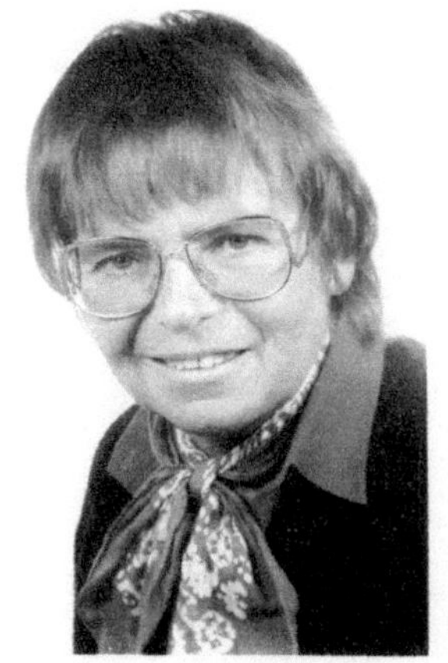

Genau diese Frage habe ich mir im Kaufe meiner zwölfjährigen musikalischen Arbeit mit Behinderten gestellt und kann jetzt aufgrund meiner Erfahrungen sagen: es stimmt, im eigentlichen Sinne gibt es keine Behinderung, sie ist **eine Variante unserer Daseinsform!**

Wenn jeder einzelne von uns ehrlich zu sich selbst ist, wird er feststellen, dass jeder seine große oder kleine »Variante« hat. Vielleicht können wir sie manchmal besser verstecken oder ignorieren.

Als ich 1991 ein Ensemble mit geistig Behinderten und Nichtbehinderten gründete, im Rahmen der Bergischen Musikschule, wurde ich vor eine große Aufgabe gestellt, mit einem ungewissen Ziel.

Nun, inzwischen sind 6 Jahre vergangen, in dieser Zeit sind wir sowohl musikalisch als auch menschlich zusammengewachsen. Die vielen öffentlichen Auftritte, mit sehr positiven Resonanzen, beweisen den Erfolg.

Auf den Namen ist einer unserer Mitspieler gekommen: »Wir sind so verschieden wie die Farben eines Regenbogens – nennen wir uns doch ›Regenbogenmusikanten‹«

Die regelmäßig wöchentlichen Proben sind für die Behinderten zum zentralen Erlebnis geworden. Durch das gemeinsame Musizieren erfahren sie Gemeinschaft und Selbstbestätigung. Sie haben Freude daran, Musik zu machen. Diese Freude und Begeisterung der Musiker überträgt sich auf ihre Zuhörer. Sie werden von den Nichbehinderten bewundert und akzeptiert.

Diese Gelegenheit möchte ich nutzen, um noch kurz af die musikalischen Voraussetzungen von Behinderten einzugehen.

Behinderte haben ebenso wie Nichtbehinderte musikalische Talente. Bei rechtzeitiger Erkennung und Unterricht durch entsprechend ausgebildete Lehrer können sie lernen, eine Instrument zu spielen, jedoch die Auswahl eines Instrumentes muss sich immer nach Art der Behinderung richten.

Es ist oft eine schwierige Gratwanderung, dem Wunsch des Behinderten und den Möglichkeiten zu entsprechen. Leider schaffen es viele auch nicht, ein Instrument zu erlernen, bedingt durch zu große körperliche und auch geistige Behinderungen, ebenso haben viele nicht die Möglichkeit, in einem »richtigen« Orchester mitzuspielen.

Mit den »Regenbogenmusikanten« möchte ich u.a. ein Zeichen setzen und versuchen, dazu beizutragen, Vorurteile, Ignoranzen und Berührungsängste gegenüber Behinderten abzubauen, um den Weg zu ebnen für mehr Verständnis und Akzeptanz.

Brigitte Manns

Leiterin der »Regenbogenmusikanten«

Preis pro Monat DM 2,48 + Liefergebühr

Amtsblatt für die Gemeinde Nümbrecht

mit Nachrichten aus dem Rathaus

NÜMBRECHT aktuell

Bis am 27.
Paul + Erika

Herausgeber von "Nümbrecht aktuell": Rautenberg multipress-verlag GmbH, Mendener Str. 29-33, 53840 Troisdorf, Postfach 1665, 53826 Troisdorf, Ruf 02241/8 00 30. Für den Inhalt verantwortlich: H. Stolzenberg. Herausgeber des Amtsblattes für die Gemeinde Nümbrecht: der Bürgermeister. Das Amtsblatt kann sowohl bei der Rautenberg multipress-verlag GmbH, Postfach 1665, 53826 Troisdorf als auch bei der Gemeinde gegen Erstattung der Kosten einzeln bezogen werden. Einzelpreis 1,- DM zzgl. Vertriebskosten.

19. Jahrgang DIENSTAG, den 8. April 1997 Nummer 7 / Woche 15

27. April, 15.00 Uhr im Kurhaus
Regenbogen-Musikanten aus Wuppertal

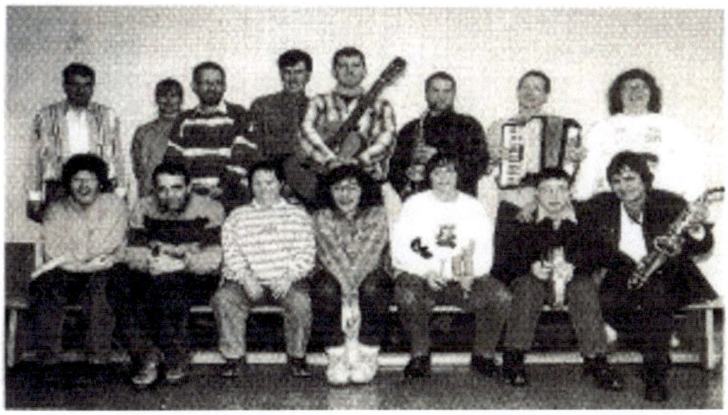

Nümbrecht • 8.4.1997 • Nummer 7 / Woche 15 • Seite 3

Die "Regenbogenmusikanten" sind ein fröhliches Ensemble mit elf geistig behinderten und sechs nichtbehinderten jugendlichen und erwachsenen Laienmusikern der Bergischen Musikschule in Wuppertal, die Leitung hat Musikpädagogin Brigitte Manns.

Ihre Musik ist so bunt wie die Farben eines Regensbogens. Das Repertoire reicht von der "Schwäbischen Eisenbahn" bis zu einem Thema aus "Cats", von "Carmen for ever" bis "Dschingis Khan" und Operettenmelodien von Walter Kollo. Sie haben sich zusammengefunden, weil sie Freude daran haben, gemeinsam Musik zu machen und auch um andere Menschen zu erfreuen und ganz besonders an diesem Tage das Nümbrechter Publikum.

Diesen Zeitungsartikel schickten mir Vetter und Cousine (Paul u. Erike) aus Nümbrecht. Wie oben auf dem »Amtsblatt« zu sehen ist, haben sich beide schriftlich verewigt

Für das Konzert, im Kursaal von Nümbrecht, waren einige organisatorische Vorbereitungen erforderlich, die ich ohne jegliche Unterstützung eines hierfür zuständigen Kollegen alleine durchführte.

Hierzu gehörten der Schriftverkehr mit dem Bürgermeister der Stadt Nümbrecht, um überhaupt die Genehmigung für dieses Konzert zu bekommen, eine Wochenend-Autofahrt mit meiner Mutter, für die Besichtigung verschiedener Lokalitäten, zur Anmietung entsprechender Räumlichkeiten.

Ich entschied mich für das »Parkhotel«, mit einer grossen Aula und einem gepflegten Restaurantbetrieb, so bestellte ich gleichzeitig auch das Mittagessen für diesen Tag.

Besonders für Behinderte ist wichtig, dass alle Veranstaltungen in einem niveauvollen Rahmen stattfinden, damit sie sich wohlfühlen, denn sie besitzen ein ausgesprochen sensibles Empfindungsvermögen.

Auch für die Zuhörer trägt der äußere Rahmen dazu bei, den Behinderten entsprechende Achtung und Anerkennung entgegenzubringen.

Das Konzert war ein großer Erfolg! Der Kursaal war an diesem Nachmittag gut besucht. Unser Programm war sehr abwechslungsreich, von bekannten Volksliedern über Wiener Walzermelodien, von swingenden Jazz-Stücken bis hin zu aktuellen Popsongs reichte unser Programm, welches vom Publikum begeistert aufgenommen und durch rhythmische Klatscheinlagen unterstützt wurde.

Am Ende unseres Konzertes kam eine ältere Dame zu mir an die Bühne und übergab mir DM 10,--, als ein »Dankeschön«, mit den Worten » *...es hat mir so gut gefallen«!*

Mit diesem Konzert war für mich auch ein Wunsch in Erfüllung gegangen, denn mit dem »Oberbergischen« und ganz besonders mit Nümbrecht, sind viele unvergessene Erinnerungen der Kindheit verbunden.

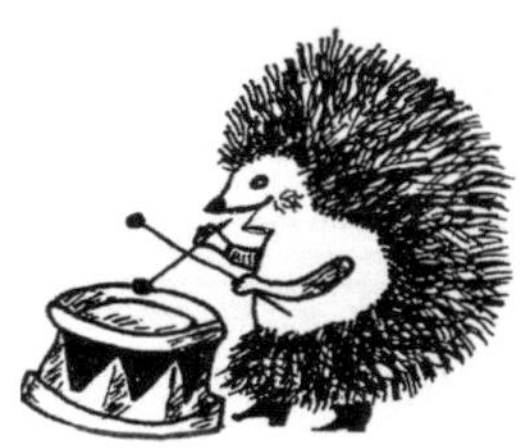

K U R K O N Z E R T
am 27. April 1997, um 15.00 Uhr, im Kursaal in Nümbrecht

P R O G R A M M

1. Eurovision Thema	n.M.A. Charpentier
2. Auf de schwäbsche Eisenbahne	aus Schwaben
3. Lambada	bearb. B. Manns
4. Egyptian Reggae	Jon. Richman
5. Amboß-Polka	Albert Parlow
6. Wiener Prater	S. Translateur
7. Wien bleibt Wien	Joh. Schrammel
8. Stephanie Gavotte	A. Czibulka
9. Memory (Musical »Cats«)	A.L. Webber
10.Carmen for ever	Georges Bizet (bearb. Eckelmann)
11.Eviva Espana	Leo Caerts (bearb. Eckelmann)

------------------- 10 Minuten Pause ---------------------

12.Conquest of paradise	Vangelis
13.O sole mio	Wilh. Lindemann (bearb. Curt Mahr)
14.Wenn ich einmal reich wär (Musical »Anatevka)	Jerry Bock (bearb. Eckelmann)
15.The house of the rising sun	Traditional
16.Folk Boogie	Anonymus

17.Tea for two	Vincent Youmans
18. Venus Walzer	Ron Goodwin
19. Dschinghis Khan	Ralph Siegel
20. Nabucco (Chor d. Gefangenen)	Giuseppe Verdi
21. Gute Laune mit Walter Kollo (Potpourri)	bearb. H. Munsonius
22. Wooden Heart (Muss i denn zum Städtele hinaus)	Wise/Weisman/Twomey/ Kämpfert bearb. Heinz Funk

---

Änderungen vorbehalten!

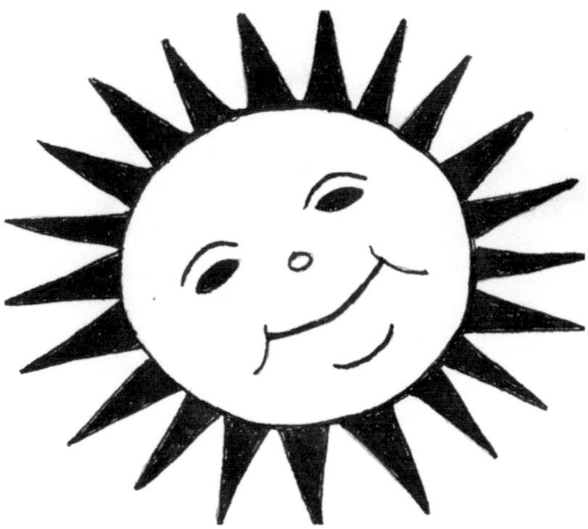

Gerechterweise muss ich erwähnen, dass der damalige Bezirksleiter nachträglich noch einen Bericht zu dem Konzert in Nümbrecht verfasste, der in dem »Infoblatt« der Bergischen Musikschule, Ausgabe Juni 1997, erschien:

Konzert der Regenbogen Musikanten in Nümbrecht

»Der Kursaal des wunderschönen Örtchens Nümbrecht war am Nachmittag des 27.04.1997 gut gefüllt. Kein Wunder! Denn die Regenbogen Musikanten, ein Ensemble von elf geistig-behinderten und sechs nichtbehinderten Jugendlichen und Erwachsenen der Bergischen Musikschule, unter der Leitung von Brigitte Manns, warteten mit einem bunten Programm auf.

»Für uns ist die Musik zum zentralen Erlebnis geworden.

Wir haben uns zusammengefunden, weil wir Freude daran haben, gemeinsam Musik zu machen und auch um andere Menschen zu erfreuen«, stand im Programmheft zum Konzert; man konnte den Akteuren wahrlich anmerken, mit wie viel Spaß sie beider Sache waren.

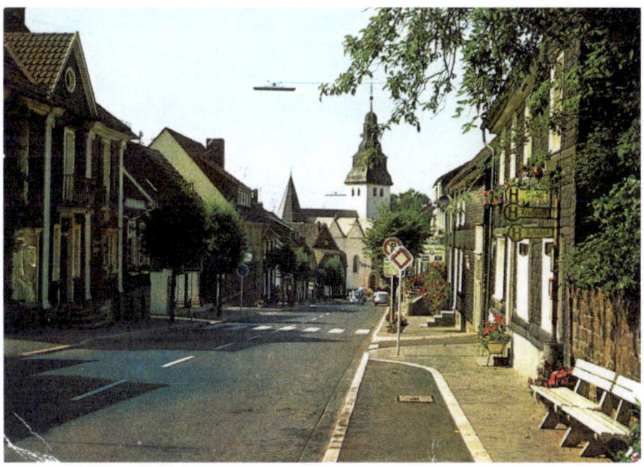

Brigitte Manns führte auf ihre gewohnt lockere Art durch das Programm, dass so abwechslungsreich war, wie ein Regenbogen nur sein kann. Von bekannten Volksliedern über Wiener Walzermelodien, von swingenden Jazz-Stücken bis hin zu aktuellen Popsongs reichte das einstudierte Programm, dass vom Publikum begeistert aufgenommen und durch rhythmische Klatscheinlagen unterstützt wurde. So ist den Regenbogen Musikanten und insbesondere der Leiterin, Brigitte Manns, die diesen Tag mit viel Mühe und Sorgfalt vorbereitet hat, ein großes Kompliment auszusprechen. Ich glaube, Nümbrecht wird allen in sehr guter Erinnerung bleiben.«

(gez. der damalige Bezirksleiter)

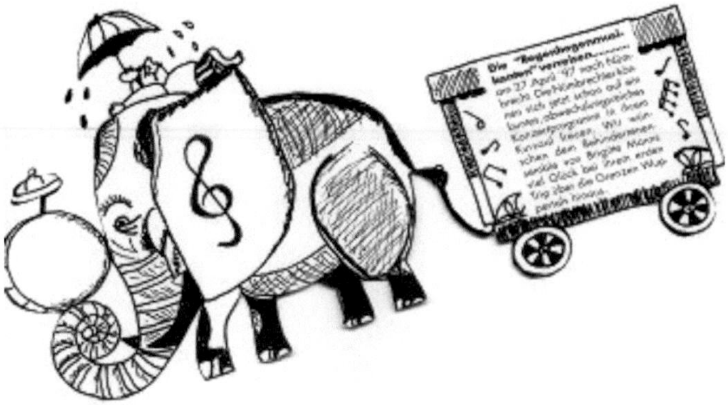

Nun war es so weit!
Das Con zert der Regenbogen
fand Trotz Regen mit Sonne im
Herzen und viel Freude am 27 April 97
im Kurhaus von Nümbrecht Statt
Ich freute mich sehr das viele
Freunde und ver wante von
weither kamen und unserer Musik
mit großem Beifall zuhörten.

Michael
22 Jahre alt

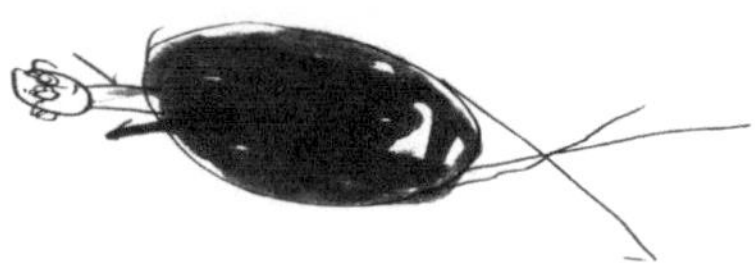

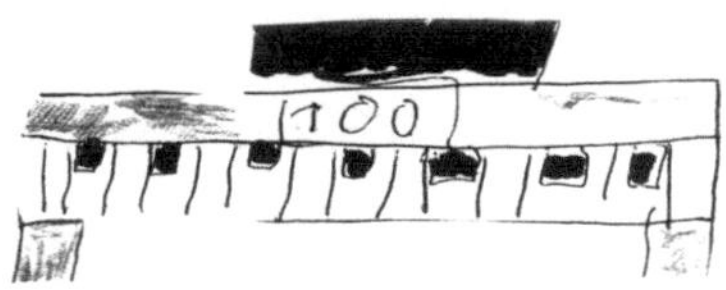

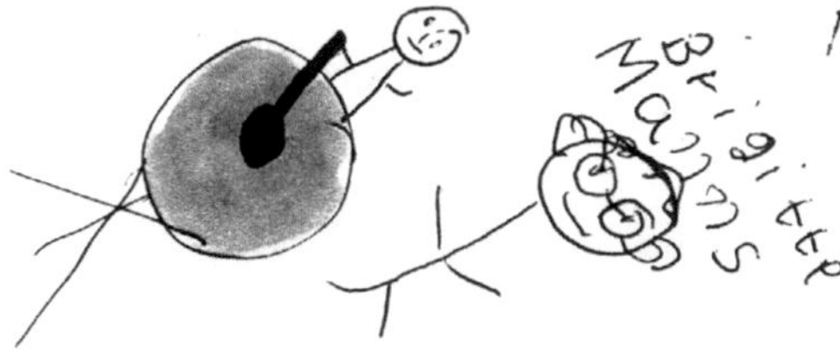

Gezeichnet von:
Petra Panusch
24 Jahre alt

Liebe Frau Manns
Für die viele Mühe,
die Sie sich mit uns
machen, möchten wir
uns bei Ihnen bedanken

Michael
Tanja Erika
Volker Petra
Kirsten u. Hanna
ESTHER

Lothar Stein

Das Beste was mir passieren konnte ist, daß ich jetzt bei den "Regenbogenmusikanten" spielen darf. Anfangs hatten wir unheimliche Schwierigkeiten, danach habe ich erst gemerkt, was sie konnte. Heute will ich garnicht mehr aufhören, die Frau Manns ist eine tolle Frau. Jetzt spiele ich wieder Schlagzeug, was ich damals auch gemacht habe, außerdem habe ich selber ein Lied geschrieben; das wollen wir demnächst wieder einmal spielen. Ich hoffe, ihr hört was wir bei den "Regenbogenmusikanten" machen und helft uns, sagt das auch den anderen, die sollen das auch wissen.

Lothar Stein

Liebe Frau Manns!
Von allen Ensemble-Mitgliedern ein ganz herzliches Dankeschön für Ihr unermüdliches Engagement! Wir wünschen Ihnen ein frohes Fest und erholsame Ferien! Für das Neue Jahr wünschen wir Ihnen Gesundheit und gute Zeiten sowohl im Beruf als auch privat. Wir hoffen, daß Sie noch lange gerne mit uns zusammen musizieren werden!

R. Hunscher

JOACHIM DORFMÜLLER
PROF. DR. PHIL. HABIL.
STUDIENDIREKTOR I. H.
KIRCHENMUSIKDIREKTOR

RINGELSTRASSE 22
D - 42289 WUPPERTAL
TELEFON 0202/62 1591

DIENSTLICH:
UNIVERSITÄT MÜNSTER
PLATZ DER WEISSEN ROSE
D - 48151 MÜNSTER
TELEFON 02 51 / 83 92 46
TELEFAX 02 51 / 83 94 67

18-10-94

Frau
Dozentin Brigitte Manns
Winckelmannstr. 2

42287 Wuppertal

Sehr verehrte Frau Manns,

haben Sie herzlichen Dank für Ihren freundlichen Brief und die wirklich hervorragende Cassette. Ein ganz großes Kompliment Ihrer so wertvollen Arbeit im Dienste und zur Förderung unserer behinderten Freunde! Ich wünsche Ihnen weiterhin viel Erfolg, Freude und Anerkennung!

Ein wenig Kontakt zu Ihrer Arbeit habe ich insofern, als der Ihnen sicherlich bekannte Dr. Walter Piel, heute Professor an der Abteilung Heilpädagogik der Universität Köln, mit mir in Köln und Marburg studiert hat und - heute leider aufgrund beiderseitiger Anspannung und Verpflichtung, unterschiedlichen Forschungs- und Lehrschwerpunkten nachzugehen, weniger als früher - Gedankenaustausch pflegt. Der Name Probst ist mir selbstverständlich auch bekannt, jedoch leider nur allzu flüchtig. Auf einer Tagung sind wir einmal einander begegnet. Hier im Institut ist die Musiktherapie angesiedelt unter Leitung von Dr. Rosemarie Tüpker - Ihnen vielleicht aus der Wuppertaler Heilpädagogik bekannt?

Ihre Daten und Fakten werde ich demnächst gern in die Diskette einarbeiten - vielen Dank nochmals!

Mit besten Grüßen und Wünschen verbleibe ich gern als
Ihr

j.d.

WESTFÄLISCHE WILHELMS-UNIVERSITÄT MÜNSTER
Institut für Musikpädagogik
Prof. Dr. phil. habil. Joachim Dorfmüller StD KMD

Westf. Wilhelms-Universität Münster, Institut für Musikpädagogik
Platz der Weißen Rose, 48151 Münster

Bergische Musikschule
Regenbogenmusikanten
z.Hd.Frau Brigitte Manns
Winckelmannstr. 2

42287 Wuppertal

48151 Münster, den 10.2.98
Platz der Weißen Rose
Sekretariate: 0251/83 29246 oder 83 29467
Telefax: 0251/83 25317
Persönlich: 0251/83 29247 oder 0202/621591

Sehr verehrte Frau Manns,

zum sechsjährigen Bestehen der "Regenbogenmusikanten" darf auch ich Ihnen herzlich gratulieren!

Keine runde Zahl, doch auch und gerade eine wichtige, weil es um eine ebenso außergewöhnliche wie sehr gute und nachahmenswerte Sache geht. Die Festschrift dokumentiert dies sehr eindrucksvoll, bringt Fotos und einen weitgespannten Repertoire-Überblick*) - alle Achtung!

Ich wünsche Ihnen und allen Ihren Ensemblemitgliedern weiterhin viel Freude und Erfolg bei der gemeinsamen Arbeit! Die Anerkennung ist Ihnen sicher!

Mit freundlichen Grüßen verbleibe ich als Ihr

j.d. [illegible]

PS.: Vielen Dank für den Abdruck meines Briefes an Sie vom 18.10.1994!

*) Vielleicht auch einmal ein Stück von Grieg?! Ich denke an die „Morgenstimmung"! Vgl. Anlage!

10

Landesverband Nordrhein-Westfalen
Lebenshilfe
für geistig Behinderte e.V.

Haus Hammerstein, 5609 Hückeswagen-Hammerstein

Frau
Brigitte Manns
Winckelmannstr. 7

42287 Wuppertal

Unsere neue Plz 42499

Bildungs- und Erholungsstätte
Haus Hammerstein
~~5609~~ 42499 Hückeswagen-Hammerstein
Telefon (02192) 3077
Telefax (02192) 3078

Datum 08.12.1993

"Regenbogen-Musikanten"

Sehr geehrte Frau Manns,

ich bedanke mich herzlich für die Übersendung der Kassette, die Sie mit den "Regenbogen-Musikanten" bespielt haben. Ich muß zugeben, daß ich von dem orchestralen Klangbild der Aufnahme sehr überrascht und äußerst angetan bin. Die Instrumentierung und das Repertoire des Orchesters sind äußerst vielfältig. Neben dem geschlossenen Klangbild verfügen die einzelnen Künstler über eine Klangdynamik, die in der Musik mit geistig behinderten Menschen nicht leicht zu erarbeiten ist.

Ich kann es kaum glauben, daß Sie erst seit ca. 1 1/2 Jahren mit Ihren MusikerInnen arbeiten. Ich selbst arbeite zwar nicht mit einer festen Musikgruppe von Menschen mit geistiger Behinderung zusammen, bin jedoch sehr stark in das musikalische Arbeiten mit geistig behinderten Menschen eingebunden. Auf diesen Hintergrund und aus den zahlreichen Erfahrungen mit anderen Musikgruppen möchte ich Ihnen an dieser Stelle ganz unverhohlen mein Lob für Ihre Arbeit und die musikalische Fertigkeit und Feinfühligkeit eines jeden Musikers Ihres Orchesters aussprechen.

Ich schreibe diesen Brief jedoch nicht nur, um Ihnen dieses Lob auszusprechen. Da mir das Orchester mit seiner Musik so sehr zusagt, lade ich Sie hiermit herzlich zu unserem Sommerfest in Haus Hammerstein, das wir im nächsten Jahr am 05. Juni 1994 zum neunten Male veranstalten, ein. Wie Sie wissen waren bei uns sowohl die Bläck Fööss, als auch die Popgruppe "Wind", der Entertainer Jörg Knör, das Tanz- und Bewegungstheater "Mobile" aus Köln und viele andere Stars vertreten.

Nähere Absprachen zu der oben genannten Veranstaltung werden wir noch treffen. Ich bitte Sie, uns diesbezüglich das uns angebotene Videoband von Ihren Proben zu übersenden.

Für Ihr weiteres musikalisches Schaffen wünsche ich Ihnen alles Gute, viel Freude und großen Erfolg. Bitte bestellen Sie allen Musikerinnen und Musikern Ihres Orchesters ganz herzliche Grüße von mir.

Für den Jahresabschluß 1993 und den -beginn 1994 wünsche ich Ihnen alles erdenklich Gute.

Mit freundlichen Grüßen

Landesverband der Lebenshilfe NW e.V.

Dietmar Danino
Leiter Haus Hammerstein

Sabine Opitz
Radio Wuppertal
Friedrich-Engels-Allee 426
42283 Wuppertal
Tel.: 0202/25 77 253

107,4
RADIO WUPPERTAL

Brigitte Manns
Winckelmannstr. 7

42287 Wuppertal

22.12.95

Liebe Frau Manns,

nach Corinna Schlechtriem und Ina Kiesewetter kriegen Sie es nun, zu guter letzt, auch noch mit mir zu tun.
Da ich Sie telefonisch nicht erreiche und ab heute bis zum 27.12. in Urlaub bin, muß ich mir daher mit einem Brief behelfen, der Sie hoffentlich noch rechtzeitig erreicht.
Es geht, natürlich, um die Regenbogenmusikanten. Die, d.h. zwei von ihnen und Sie, hätte ich nämlich gerne in meine Sendung am 28.12. eingeladen. Da könnten wir dann (live) ein bißchen über das Projekt sprechen.
Die Sendung beginnt um 9 Uhr und läuft 2 Stunden. Das Interview könnten wir um 9:10 Uhr oder 10:10 Uhr führen. Sie müßten dann jeweils um kurz vor 9 bzw. 10 hier bei uns sein.
Falls das klappen würde, würde ich mich sehr freuen. Daß die beiden Kinder, die Sie mitbringen, einigermaßen "gesprächig" sein sollten, ist wahrscheinlich klar. Damit ich weiß, ob ich das Interview für den 28.12. einplanen kann (zur Not ginge auch der 29.12.), möchte ich Sie bitten, sich bei uns zu melden.

In der Hoffnung, daß wir uns dann nächste Woche persönlich kennenlernen und mit den besten Weihnachtswünschen verbleibe ich Ihre

Sabine Opitz

Das Interview wurde am 28.12.95 (live) um 10[00] Uhr mit Udo, Lothar und Jörg gesendet!

Musik in allen Farben

Die Regenbogenmusikanten spielen heute abend in der „Färberei"

mack) Vom Lambada bis zur ;chwäb'schen Eisenbahn, von :reude schöner Götterfunken is zu einem Thema aus Cats. Vo gibt es die Möglichkeit, eie so bunte Mischung von Muik zu hören zu bekommen? In ler „Färberei" an der Stennerttraße 8 in Oberbarmen, heute bend um 19 Uhr. Aber nicht ur das Potpourri aus bekannen Melodien verschiedener :pochen ist eine Besonderheit n Livemusik-Betrieb. Auch las Orchester ist außergevöhnlich: Die Regenbogenmuikanten aus Wuppertal sind ine Band aus 24 Menschen nit und ohne Handicap. Junge Aenschen erleben hier, daß Ausik tatsächlich keine Grenen kennt: Peter, der an Monolismus leidet, spielt mit Jan, ler diese Besonderheit aus einem Leben nicht kennt, zuammen - und was herausommt, ist mehr als eine Symhonie des guten Willens; mit :infühlung und Leidenschaft orgetragene Musik.

Ait Einfühlung arbeitet auch lie Bandleaderin. Musikpädgogin Brigitte Manns hat die Stücke mit der 24köpfigen Gruppe einstudiert: „Musik kommt aus dem Gefühl; deshalb spielt man so gut, wie einem das Musizieren Freude macht - und uns allen macht es hier Freude." Großartig sei die Sache auch, weil hier Eltern und Kinder, Brüder und Schwestern miteinander auftreten könnten.

Die Regenbogenmusikanten wohnen und leben zu einem großen Teil in der Cronenberger „Lebenshilfe". Auf den Namen ist einer der Mitspieler gekommen: „Wir sind so verschieden wie die Farben eines Regenbogens - nennen wir uns doch Regenbogenmusikanten". Wer Musik erleben will, die ganz anders ist als sonst und dabei vielfältig wie ein Regenbogen ist, hört heute in der Oberbarmer „Färberei", Stennert 8, den „Regenbogenmusikanten" zu. Der Eintritt zu diesem Konzert beträgt fünf Mark.

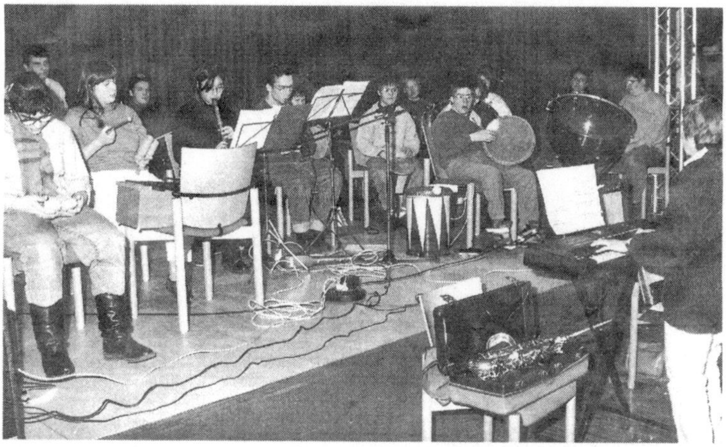

Behindert – na und? Die 24 Regenbogen-Akteure beweisen, daß Musik wirklich keine Grenzen kennt

Rundschau am Wochenende
vom Sa. 21. Januar 1995
Es folgten Interviews mit Radio Wuppertal am 28.12.1995 mit Sabine Opitz
und mit dem WDR-Fernsehen (Lokalzeit) am 12.11.1998, gesendet am 11.12.1998

Regenbogen-Musikanten heißt ein von Brigitte Manns geleitetes Ensemble mit zwölf geistig behinderten und zwölf nichtbehinderten jugendlichen und erwachsenen Laienmusikern, die morgen ab 10.30 Uhr auf dem Sommerfest der Lebenshilfe in Haus Hammerstein bei Hückeswagen auftreten.

(WZ 04.06.1994)

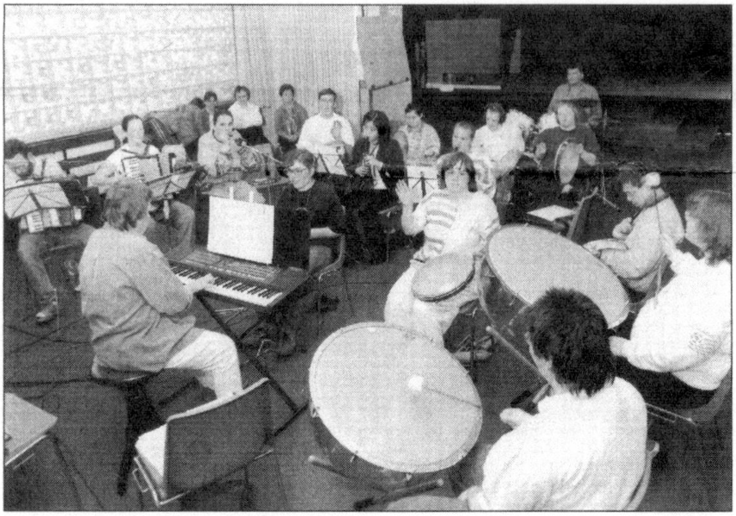

Einmal wöchentlich treffen sich die Regenbogen Musikanten. Fotos: Gerhard Bartsch

Beim Musizieren tragen die Starken die Schwächeren mit

Behinderte und Nichtbehinderte spielen gemeinsam im Orchester

Von Martin Juhre

Durch die offene Tür klingt Musik bis auf den Schulhof an der Melanchthonstraße, Schlagzeug, Tamburine, Akkordeons. Drinnen proben die Regenbogen Musikanten, elf geistigbehinderte und sechs nichtbehinderte Jugendliche und Erwachsene der Bergischen Musikschule. Ihre Leiterin, Brigitte Manns, sitzt am Keyboard. „Jetzt kommt die Eisenbahn", ruft sie, „alles klar?" Sie gibt die Einsätze, die Pauker legen los, die „Schwäb'sche Eisenbahn" nimmt Fahrt auf.

Seit 1991 spielen die Regenbogen Musikanten zusammen, Schüler und ehemalige Schüler der Melanchthonstraße, einige kommen von der Lebenshilfe, dazu Eltern und eine weitere Schülerin von der Musikschule. „Wir sind zusammengewachsen in der Zeit", erzählt Brigitte Manns, „aufeinander eingespielt. Und die Stärkeren tragen die Schwächeren mit." Den Namen erklärt Jörg Lemmer: „Den habe ich vorgeschlagen, weil wir so bunt gemischt sind. Und weil es in Wuppertal so viel regnet."

Hier kommt viel zusammen: Spaß an der Musik, das aufeinander Achten, Konzentration und Selbstbewußtsein wachsen. Wer sich mit der Sprache schwertut, findet eine besondere Form des Ausdrucks. Manns: „Wir möchten aber auch andere Menschen erfreuen. Und wir wollen aufmerksam machen: Wir sind da."

Drei öffentliche Auftritte der Regenbogen Musikanten sind in Wuppertal für dieses Jahr geplant. Meist spielen sie in der Färberei. Und Ende April gab es das erste auswärtige Gastspiel, im Kursaal von Nümbrecht. Aufregend? Doch, auch, meinen die Musikanten. Udo Stroms, der Mundharmonikaspieler, nickt: „Ein bißchen Lampenfieber ist immer dabei."

Einmal in der Woche wird geprobt, es geht konzentriert und locker zu, man hört Lachen, spürt den Spaß. Stück folgt auf Stück, zum Abschluß die Henry-Maske-Hymne.

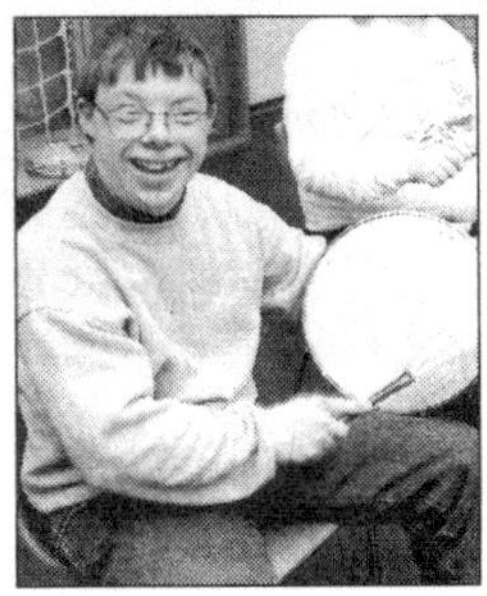

Schlagzeug gibt der Musik erst den richtigen Rhythmus.

Und auch nach dem Musizieren sieht man: Das ist ein eingespieltes Team. Im Nu sind die Stühle weggeräumt, die Instrumente verpackt. Draußen wartet schon der Busfahrer. Nächste Woche geht es weiter.

Zusammen sind Menschen stark

Großes Barmer Diakoniefest steigt am 22. August auf der Hilgershöhe

(kgc). Seinen 75. Geburtstag will das Diakonische Werk Barmen nicht als geschlossene Gesellschaft feiern, sondern locker und bunt mit den Menschen, die Hilfe geben und nehmen.

»Deshalb laden wir am 22. August zu einem Fest unter dem Motto »*Gemeinsam sind wir stark*« auf die Hilgershöhe ein, wo wir um 11 Uhr mit einem Gottesdienst beginnen«, blickt Diakonie-direktorin Rnate Schäning voraus.

Zwischen dem evangelischen Kindergarten und der heutigen Peter Beier-Straße, die zuvor »Am Kindergarten« geheißen hat, und der städttischen Jugeneinrichtung an der Heinrich-Böll-Straße finden die Aktionen statt. Auf dem Spielplatz wird ein Zirkuszelt aufgebaut.

Dort spielen um 15 Uhr die »*Regenbogenmusikanten*«.

Anschließend liefert die Schule Kreuzstraße Musicalausschnitt von »Regenbogenfisch«. Der Pokal wird an die Sieger des Fußballturniers verliehen. Vom Kinderheim kommt eine Märchentanzgruppe auf den Klingholzberg. Das Elberfelder Zirkusprojekt beginnt um 16 Uhr. Rapper von der Kreuzstraße schließen sich an. Schließlich gibt »Cantamus« ein Konzert.

Um 11 Uhr wird ein vom Wichernhaus gemanagter Flohmarkt eröffnet.

Zur Stärkung un Erfrischung wird es reichlich Angebote geben. Sogar Essen von den Tamilen aus Sri Lanka und Kurden wird gereicht. Kinder dürfen sich auf die Hüpftburg freuen und für Jugendliche gibt es eine Halfpipe.

Die Bühnenaktivitäten beginnen um 13 Uhr: Herr und Frau Addidi lassen geistliche Musik erklingen und ein Posaunenchor musiziert. Pfarrerin Renate Schäning sagt trotz Feiertagsstimmung:

»Über den Geburtstag hinaus wird Diakonie in Zeiten zunehmender Armut immer wichtiger. Menschen aufzufangen, die durch das soziale Netz zu fallen drohen. Das Diakonische Werk versucht Partner der Menschen zu sein, die am Rande stehen. Damit tut Diakonie trotz Finanznot Dienst am Nächsten und damit im Sinn des Evangeliums Jesu Christi und versteht sich als Wesensäußerung der evangelischen Kirche«. Beheimatet ist das Diakonische Werk im

Haus Sternstraße 40 und telefonisch erreichbar unter der Telefonnummer 266 29 28-30.

Arbeitsschwerpunkte sind Kindergarten und Kindertagesstätte. Lern- und Spielstuben, soziale Aktivitäten an der Schule Kreuzstraße, Freizeiten für Kinder, Jugendliche und Senioren, Vormund- und Pflegschaften, Betreuungen, Schuldner-, Flüchtlings-, Trennungs- und Scheidungsberatung.

Zusammen sind Menschen stark

Großes Barmer Diakoniefest steigt am 22. August auf der Hilgershöhe

(kgc). **Seinen 75. Geburtstag will das Diakonische Werk Barmen nicht als geschlossene Gesellschaft feiern, sondern locker und bunt mit den Menschen, die Hilfe geben und nehmen. „Deshalb laden wir am 22. August zu einem Fest unter dem Motto 'Gemeinsam sind wir stark' auf die Hilgershöhe ein, wo wir um 11 Uhr mit einem Gottesdienst beginnen", blickt Diakoniedirektorin Renate Schäning voraus.**

Zwischen dem evangelischen Kindergarten an der heutigen Peter-Beier-Straße, die zuvor Am Kindergarten geheißen hat, und der städtischen Jugendeinrichtung an der Heinrich-Böll-Straße finden die Aktionen statt. Auf dem Spielplatz wird ein Zirkuszelt aufgebaut. Dort spielen um 15 Uhr die Regenbogenmusikanten. Anschließend liefert die Schule Kreuzstraße einen Musicalausschnitt vom „Regenbogenfisch". Der Pokal wird an die Sieger des Fußballturniers verliehen. Vom Kinderheim kommt eine Mädchentanzgruppe auf den Klingholzberg. Das Elberfelder Zirkusprojekt beginnt um 16 Uhr. Rapper von der Kreuzstraße schließen sich an. Schließlich gibt „Cantamus" ein Konzert. Um 11 Uhr wird ein vom Wichernhaus gemanagter Flohmarkt eröffnet. Zur Stärkung und Erfrischung wird es reichlich Angebote geben. Sogar Essen von den Tamilen aus Sri Lanka und Kurden wird gereicht. Kinder dürfen sich auf die Hüpfburg freuen und für Jugendliche gibt es eine Halfpipe.

Die Bühnenaktivitäten beginnen um 13 Uhr: Herr und Frau Addidi lassen geistliche Musik erklingen und ein Posaunenchor musiziert. Pfarrerin Renate Schäning sagt trotz Feiertagsstimmung: „Über den Geburtstag hinaus wird Diakonie in Zeiten zunehmender Armut immer wichtiger. Deshalb versuchen wir, Menschen aufzufangen, die durch das soziale Netz zu fallen drohen. Das Diakonische Werk versucht Partner der Menschen zu sein, die am Rande stehen. Damit tut Diakonie trotz Finanznot Dienst am Nächsten und damit im Sinn des Evangeliums Jesu Christi und versteht sich als Wesensäußerung der evangelischen Kirche." Beheimatet ist das Diakonische Werk im Haus Sternstraße 40 und telefonisch erreichbar unter der Telefonnummer 266 29 28-30. Arbeitsschwerpunkte sind Kindergarten und Kindertagesstätte, Lern- und Spielstuben, soziale Aktivitäten an der Schule Kreuzstraße, Freizeiten für Kinder, Jugendliche und Senioren, Alten-, Kranken- und Familienpflege, Erziehungsbeistandschaften, Bahnhofsmission, Fahrdienste, Arbeit statt Sozialhilfe, Vormund- und Pflegschaften, Betreuungen, Schuldner-, Flüchtlings-, Trennungs- und Scheidungsberatung.

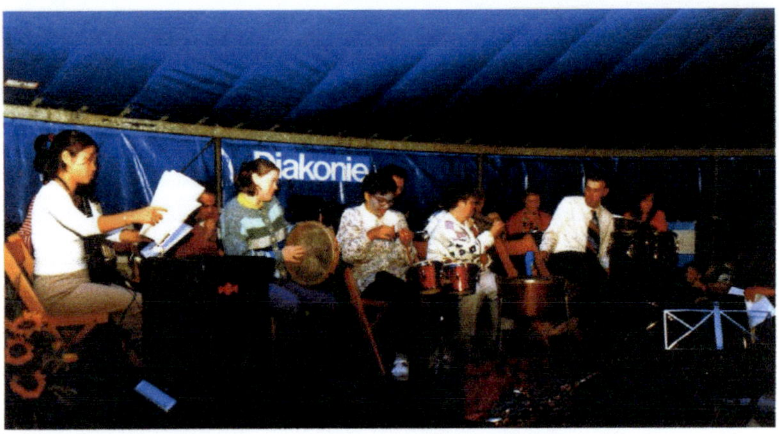

Diakoniefest 22.08.1998 - „Regenbogenmusikanten"

Prof. Dr. Werner Probst

Auf dem Aspei 69 a
44801 Bochum 1
Telefon (0234) 701974

8.10.96

Liebe Frau Manns,

über Ihren Brief vom 5.10. habe ich mich sehr gefreut. Ich habe immer noch, wenn ich an Brigitte Manns und Wuppertal denke, ein schlechtes Gewissen. Die Panne mit meinem von Ihnen so gut vorbereiteten Besuch habe ich noch nicht vergessen. Um so unangenehmer ist es mir, Ihnen und Ihren Regenbogenmusikanten" absagen zu müssen: ich bin in der Woche vom 2. - 6. Dezember zu einem Lehrgang "Musikalische Früherziehung" in Trossingen, den ich, da ich ihn leite, nicht verlegen kann.
Ich bewundere Ihre Energie, mit der Sie die Schwierigkeiten überwunden haben, die dem Fortbestand Ihrer Behindertenarbeit entgegenstanden!
So wird es sicher noch einmal möglich sein, die Gruppe bei einem Konzert zu besuchen.

Viel Erfolg wünsche ich Ihnen weiterhin und ein schönes Konzert am 5.12.

Mit den besten Grüßen

Musikpsychologische Überlegungen zum Instrumentalspiel mit Behinderten

Wie schon erwähnt, haben **Behinderte** ebenso musikalische Talente wie Nichtbehinderte. Sie sind ebenso in der Lage, Musik über das Hören oder das praktische Musizieren zu erleben. Jeder Mensch, ob behindert oder nicht, verfügt über eine eigene Musikalität.

*Eine sogenannte »***Amusie***« (griech.): pathologische Störung des musikalischen Ausdrucks- bzw. Wiedergabevermögens (motorische A.: als vokale und instrumentale musikalische* **Apraxie)** *oder des Verständnisses für musikalische Zusammenhänge (sensorische A.: auch sog. Melodietaubheit) aufgrund erworbener, selten angeborener Hirnschäden.*

(Ferdinand Hirsch – »Das große Wörterbuch der Musik« – Heinrichshofen's Verlag, Wilhelmshaven)

Das Phänomen der Amusie ist noch nicht hinreichend geklärt und sehr selten.

Apraxie *(griech.) (Unfähigkeit) bezeichnet eine Störung der Ausführung willkürlich zielgerichteter und geordneter Bewegungen bei intakter motorischer Funktion. (sh. Lexika)*

Das Erleben von Musik ist individuell verschieden. Ein geistig Behinderter oder Lernbehinderter, hört die Musik nach seinen Möglichkeiten.

Durch die praktische Auseinandersetzung mit einem Instrument werden einerseits bestimmte Fertigkeiten vorausgesetzt, andererseits können aber auch fehlende Fähigkeiten von der Anlage her so weit entwickelt werden, dass von einer speziellen Begabung gesprochen werden kann.

Fähigkeiten, wie z.B. das Unterscheiden von Tonhöhen, Gedächtnis für Klangfolgen oder Rhythmen, Wiedergabe von Gehörtem,

Fertigkeiten, wie z.B. Unabhängigkeit der Hände, Fingerfertigkeit, können ebenso trainiert und entwickelt werden, es sei denn, die Art der Behinderung schließt eine Einflussnahme aus.

In Folge einer Behinderung sind manchmal einzelne Fähigkeiten und Fertigkeiten sehr eingegrenzt.

Falls eine Entwicklung bestimmte Veranlagungen möglich ist, sei es in **rezeptiver, reproduktiver bzw. produktiver** Hinsicht, wird man »**musikalischer**«, fehlt aber das entsprechende Training, können diese sich wieder zurückentwickeln und man wird wieder »**unmusikalischer**«.

Aufmerksamkeit und Konzentration tragen wesentlich zum Erfolgserlebnis bei, sind aber abhängig vom jeweiligen Körperzustand, wie z.B. Unwohlsein oder von der Art der Behinderung.

Udo, der Mundharmonikaspieler bei den »**Regenbogenmusikanten« ,** hatte sowohl rezeptive als auch reproduktive Veranlagungen, er verfügte über ein ausgezeichnetes musikalisches Gehör, ein Gedächtnis für Klangfolgen, Rhythmen und die Wiedergabe von Gehörtem; **er war und ist geistig-behindert**.

Ich erarbeitete mit ihm in den Proben viele Musikstücke mit umfangreichen Melodien und vielfach grossen Intervallen, die er mit Bravour bewältigte. Außerdem verfügte er über ein ausgezeichnetes Zahlengedächtnis. Allerdings hatte er an der rechten Hand eine Behinderung, so dass er keine chromatische Mundharmonika spielen konnte. (sh. Beschreibung unter »Instrumentalspiel m. Behinderten)

Lothar, der Schlagzeuger (großes Schlagzeug) bei den »**Regenbogenmusikanten**«, war und ist Epileptiker und man kann ihn als **lernbehindert** einordnen. Durch die Einnahme von schweren Antiepileptika war seine Feinmotorik sehr eingeschränkt und verlangsamt. Als er zu uns kam, spielte er Akkordeon und Keyboard, er konnte auch Noten lesen.

Mit den Anforderungen, die zunächst an ihn gestellt wurden, durch die von uns gespielten Musikstücke, verbunden mit unterschiedlichen Rhythmen, Melodien und Tempi, die ein bestimmtes Zeitmaß erforderten, war er überfordert. So kam ich zu dem Entschluss, dem er begeistert zustimmte, ihn zum Schlagzeugunterricht an der BM anzumelden, um seine Technik noch zu verbessern (er hatte vorher schon in einer anderen Band Schlagzeug gespielt).

Ein größeres Erfolgserlebnis war somit gewährleistet, da bei einem Schlagzeug überwiegend die Großmotorik im Vordergrund steht.

Ebenso wie Udo verfügte er über ein ausgezeichnetes rhythmisches Gefühl und musikalisches Gehör. Durch seine Erkrankung war sein Sprachzentrum sehr geschädigt, die Aussprache war verlangsamt, die Artikulation viel ihm schwer, einen fließenden Satz zu sprechen war nicht möglich. Sehr viel Geduld, Verständnis und Einfühlungsvermögen waren erforderlich, um ihm zuzuhören.

Mit Lothars Einverständnis stellte ich ihn meinem ehemaligen Gesanglehrer Fritz Jäger vor, der mit ihm einige Übungen sang und mir vorschlug, aufgrund meiner langjährigen Gesangserfahrung und Kenntnis seiner Atem- und Stimmtherapie, ihn in Gesang zu unterrichten; der Musikschulleiter war einverstanden.

Nach einiger Unterrichtszeit mit entsprechenden phonetischen Übungen, war er nicht in der Lage, ein **Zungen-»R«** zu sprechen, das »R« wird nicht im Rachen gebildet, sondern mit der Zunge, die hinter den Schneidezähnen liegt (z.B.: ein »T« sprechen und gleichzeitig mit der Ausatmung im Luftstrom die Zunge flattern lassen – Sprechübung, z.B. rrrrrote Rrrrrrübe).

Das Zungen-R ist für eine deutliche Artikulation unbedingt erforderlich, um einen Text fließend und gleichmäßig zu singen (die deutsche Sprache ist überwiegend mit Konsonanten aufgebaut).

Meine Aufgabe sah ich primär darin, das Zwerchfell mit gezielten Vokalübungen zu aktivieren, um seine seelischen Kräfte zu entwickeln und eine gleichmäßige Atmung zu erreichen. Aber ohne das Singen von Liedern hätte Lothar weiterhin keine Motivation gehabt.

Er war mit dem Abbruch der Gesangstunden einverstanden und zeigte großes Verständnis. Eine intensivere Sprecherziehung wäre sicher erforderlich gewesen, aber das war innerhalb der Musikschule nicht möglich, da mir pro Woche nur eine halbe Stunde für den Unterricht zur Verfügung stand.

Ob bei einem Epileptiker eine Verbesserung der Aussprache überhaupt möglich ist, wie im Fall von Lothar, kann ich nicht beurteilen, das überschreitet mein Wissen und meine Kompetenzen, aber ein Versuch meinerseits war es wert.

In dem Zusammenhang erinnere ich mich an einen Fall, den mir mein Gesanglehrer damals erzählte.

Ein HNO Arzt hatte ihm einen erwachsenen jungen Mann geschickt, der nach einem schweren Autounfall stotterte. Mit Hilfe seiner Methode hatte er es erreicht, nach einer entsprechenden Unterrichtszeit, ihn von seinem Stottern zu befreien und er konnte wieder fließend singen und sprechen.

Es stellte ich heraus, dass dieser junge Mann zufällig ein ehemaliger Schulkamerad von mir war!

Geistige Behinderung

Da ich in den letzten Jahren innerhalb meiner Musikschularbeit mit geistig behinderten Menschen gearbeitet habe, möchte ich kurz auf die Thematik und Definition »Menschen mit geistiger Behinderung« eingehen.

Der Begriff geistige Behinderung bezeichnet einen andauernden Zustand deutlich unterdurchschnittlicher kognitiver (auf Erkenntnis beruhend) Fähigkeiten eines Menschen sowie damit verbundene Einschränkungen seines affektiven (gefühlsbetont) Verhaltens.

Eine eindeutige und allgemein akzeptierte Definition ist jedoch sehr schwierig. Es gibt unterschiedliche Sichtweisen von Psychologen, Medizinern und Wissenschaftlern. Die Suche nach den Ursachen der geistigen Behinderung ist nicht nur menschlich verständlich, sondern auch für die Diagnostik und eine mögliche Behandlung von großer Bedeutung.

Ursachen

Die häufigste genetische Ursache von geistigen Behinderungen ist das sogenannte Down-Syndrom (Chromosomen-Besonderheiten), die häufigste nicht-genetische Ursache von geistiger Behinderung ist das Alkoholsyndrom, das durch Alkoholkonsum in der Schwangerschaft ausgelöst wird.

Möglich können auch cerebrale Schädigungen sein, wie z.B. durch Unfall, Sauerstoffmangel während der Geburt, Hirnerkrankungen nach der Geburt; geistige Behinderung aufgrund psychiatrischer Störungen, geistige Behinderung durch Umwelteinflüsse, Vergiftungen der Mutter während der Schwangerschaft, wie z.B. durch Einnahme von Arzneimitteln, Drogen, industrieller Chemieprodukten und Giften anderer Art. Die Liste der Krankheitsbilder lässt sich unendlich fortsetzen.

In der Mehrzahl der Fälle kann keineswegs von einer klaren »Ursache« gesprochen werden. Oft liegen mehrere Ursachen gleichzeitig vor, oft sind die Ursachen unklar.

(»Geistige Behinderung« von Otfried Spreen, Springer-Verlag Berlin, Heidelberg, New York)

Die Geburt eines geistig behinderten Kindes stellt für alle betroffenen Eltern eine enorme psychische Belastung dar. Sie müssen sich erst an die Vorstellung gewöhnen. Vielfach wird berichtet, dass Eltern ihr Kind zeitweise ablehnen oder die Tatsache der Behinderung verdrängen.

Negative Gefühle, Wut, Trauer sowie Schuld- oder Schamgefühle, sind keine Seltenheit und in einer solchen Situation völlig normal.

Den meisten Eltern gelingt es mit der Zeit, trotz dieser schwierigen Bedingungen, ihr Kind mit all seinen positiven und negativen Eigenschaften zu akzeptieren und ihr Leben, ihre Lebensplanung und ihre Lebenserwartungen auf die besondere Situation einzustellen.

Durch früh beginnende und geeignete Fördermaßnahmen kann jedes Kind im Rahmen seiner Möglichkeiten, Fähigkeiten und Fertigkeiten erlernen, die ihm so weit wie möglich eine Teilnahme am sozialen Leben ermöglicht..

Für die Frühförderung stehen integrative Kindergärten zu Verfügung; es gibt eine Schulpflicht auch für Kinder mit einer geistigen Behinderung; im Sinne der Integration werden Erwachsenenbildungen für Menschen mit einer geistigen Behinderung angeboten, im Bereich der Pädagogik gibt es die Sonderpädagogik/ Heilpädagogik, dazu gehört auch die Musikpädagogik.

Kirsten, mit einer geistigen Behinderung und Down-Syndrom, spielte bei den »**Regenbogenmusikanten**« eine Handtrommel.

Seit 1989 hatte sie gleichzeitig bei mir Blockflötenunterricht. (sh. Instrumentalspiel m. Behinderten), sie konnte schon etwas Blockflöte spielen. Der Wunsch der Mutter war, dass sie das Blockflötenspiel nach Noten erlernen sollte. Ich war vor eine schwierige Aufgabe gestellt und überlegte mir einen methodischen Weg, der mit kleinsten Lernschritten aufgebaut war.

Jeder Flötist weiß, dass die einzelnen Töne artikuliert werden müssen, d.h., bei der Blockflöte entweder mit tü oder dü, um die Töne zu gestalten. Die erste Schwierigkeit war, das Kirsten große Hemmungen hatte, bzw. es war ihr äußerst peinlich, dieses mit der Zunge zu tun. Hier hatte ich also ein psychologisches Problem zu lösen.

Ich versuchte es mit einem **kazoo** (engl.) : ursprünglich afr. Herkunft, bestehend aus einer einseitig durch eine Membran (Fellklinger) verschlossene Röhre. Durch Hineinsingen, -summen oder -sprechen wird die Membran in Schwingung versetzt, die Stimme wird verändert und verstärkt.

Ihre Aufmerksamkeit wurde jetzt auf dieses Instrument gelenkt und es erweckte Ihre Neugier, sie fand es interessant und lustig, was man alles machen konnte. Mit der Zeit verlor sie Ihre Hemmungen und es klappte dann auch mit der Blockflöte.

Jeder Behinderte wie auch Nichtbehinderte hat andere Voraussetzungen, nur ein erfahrener Pädagoge kann rechtzeitig erkennen, wo der Schüler »abgeholt« werden muss. Bei einem Behinderten sind die Voraussetzungen sehr viel diffiziler, deshalb kann nur ein Pädagoge mit einer grossen Unterrichtserfahrung mit **Nichtbehinderten**, einem professionellen Können auf seinem Instrument und möglichst mit einer Zusatzausbildung es wagen, einen Behinderten zu unterrichten,.

Mein methodischer Weg hatte Erfolg und Kirsten konnte nach einiger Zeit Blockflöte spielen nach Noten, ob das für sie sinnvoll war, bleibt dahingestellt. Durch ihr Verhalten der Mutter gegenüber, die sie jedes Mal zum Unterricht brachte, wurde mir der Eindruck vermittelt, das für Kerstin die Anerkennung der Mutter sehr wichtig war, sehr viel Spaß und Freude hatte sie nicht dabei.

Bei der Wiedergabe von Rhythmen hatte sie große Schwierigkeiten, die von mir ausgedachten auditiven und visuellen Hilfen hatten keinen Erfolg, auch das Klatschen eines Metrums war nicht möglich, sie hatte kein rhythmisches Gefühl. Das machte sich auch bei ihrem Handtrommelspiel innerhalb des Musikensembles bemerkbar. In den Proben versuchte ich über den Körperkontakt, durch das Führen ihrer Hand, das Metrum zu halten, aber nach einer Weile verfiel sie wieder in einen unkontrollierten Ablauf.

Ein rhythmisches Gefühl ist nicht von einer Behinderung abhängig, Kirsten hätte auch diese Schwierigkeiten gehabt, wenn sie nicht-behindert gewesen wäre.

Durch ihre Behinderung waren die Möglichkeiten, mit verschiedenen intensiven rhythmischen Übungen, wie z.B. über die Sprache, in der Fortbewegung (Gehen, Laufen, Hüpfen, Tanzen) ein rhythmisches Gefühl zu entwickeln, sehr eingegrenzt bzw. nicht möglich, die bei einem Nichtbehinderten begleitende Übungen zu einem Instrument sehr hilfreich und sinnvoll sein können. (sh. Rhythmik)

Lernbehinderte unterrichtete ich auch **am Klavier**

Der Unterricht gestaltete sich oft problematisch, durch die Beeinträchtigungen bzw. Ausfälle im kognitiven, sensomotorischen, perzeptiven und psychosozialen Bereich.

Das Erlernen und Spielen eines Instrumentes stellt jedoch an den Schüler in den Bereichen Ausdauer, Konzentration und Leistung Anforderungen, in denen sie gerade ihre Schwierigkeiten haben.

Die individuellen Beeinträchtigungen des Schülers, stehen den vom Instrument ausgehenden Lernansprüchen entgegen. Trotzdem können durch gezielte didaktische und methodische Vorüberlegungen die Lernleistungen entwickelt, gefördert und ein kompensatorischer bzw. therapeutischer Effekt erreicht werden.

Musikpädagogische Ziele sind:

die Möglichkeit zu bekommen, ein Instrument zu erlernen
die Freizeit sinnvoll zu gestalten
kulturelle Angebote der Gegenwart kennenzulernen
mit Nichtbehinderten gemeinsam zu musizieren
und somit kommunikatives Verhalten zu üben und zu erleben

Bei Erfolg dieser musikpädagogischen Ziele ist zu erwarten, dass eine kompensatorische wie therapeutische Wirkung erreicht wird, hinsichtlich der Sensibilisierung der auditiven und taktilen Wahrnehmung, im Training der Psychomotorik, sowie einer Verbesserung des Selbstwertgefühls mit dessen positiven Auswirkungen auf den gesamten Lebensbereich. (In Anlehnung an den Bochumer Modellversuch 1979 – unter Leitung von Prof. Dr. Werner Pobst, Professor für Behindertenpädagogik an der Uni Dortmund)

Leider konnte ich bei den drei lernbehinderten Schülern im Alter von 8 bis12 Jahren, die ich am Klavier unterrichtete, die vorgenannten gewünschten Ziele nicht erreichen, da ihre individuellen Beeinträchtigungen zu sehr im Vordergrund standen.

Bevor Eltern sich für einen Instrumentalunterricht für ihr lernbehindertes Kind entscheiden, den Wunsch des Kindes mit einbezogen, sollten sie sich vorab mit dem Klassenlehrer der Schule in Verbindung setzen, denn der Klassenlehrer/in ist die Bezugsperson und nur er kann einschätzen, ob grundsätzlich auch eine Arbeitsbereitschaft zum Erlernen eines Instrumentes besteht.

Der Musikunterricht in einer Schule für Lernbehinderte, wenn er stattfindet, hat viele **Funktionsfelder:**

Singen und Sprechen
Elementares Musizieren mit Orff-Instrumenten
Musik und Bewegung,
Hören von Musik.

Die damit verbundene Aufgabe ist es, u.a., die Grundeinstellung zur Musik bei Lernbehinderten zu entwickeln. Das Musikhören und Musikmachen können vorbereitend sein, für einen späteren Instrumentalunterricht an einer Musikschule. Nur in gemeinsamer Absprache mit dem Klassenlehrer und dem Musiklehrer der Musikschule, sollte ein entsprechendes Instrument ausgewählt werden.
Jedoch kann nur die Unterrichtspraxis zeigen, ob sich der Schüler für dieses Instrument eignet, wie bei jedem Nichtbehinderten auch.
Um Frustrationen des Schülers zu vermeiden und ihm nicht die Möglichkeit zu nehmen, ein Instrument zu erlernen, sollte unbedingt der Musikunterricht an der Schule für Lernbehinderte vorausgegangen sein.

Psychisch kranke Erwachsene im Klavierunterricht

Ich erinnere mich an einen jungen Mann, der schon vor seiner Erkrankung Klavierunterricht hatte und jetzt eine anspruchsvolle Literatur spielte.

Durch die Einnahme von starken Psychopharmaka wurden Beeinträchtigungen ausgelöst, die den Anforderungen, die das Instrument bzw. die zu spielende Klavierliteratur stellten, entgegenwirkten. Das Denken, das Reaktionsvermögen, sowie die Psychomotorik waren verlangsamt. Er realisierte sehr genau seine Schwierigkeiten und beendete selber nach einiger Zeit seinen Unterricht.

Es gab noch einen Extremfall:

Ein erwachsener Mann mit abgebrochenem Mathematikstudium kam in meinen Klavierunterricht; schon **fünf** Kollegen/innen hatten ihn innerhalb der Musikschule in Klavier unterrichtet.

Er hatte seine eigenen Vorstellungen von einem Klavierunterricht und erklärte mir, wie ich ihn unterrichten sollte. Die Klaviertastatur unterteilte er theoretisch wie Pythagoras die Saite auf seinem Monochord. Mit diesem Mann war auch ich überfordert und lehnte jeden weiteren Unterricht ab. Ob er Medikamente einnahm, kann ich nicht mehr sagen. Für mich war er ein **Psychopath.**

Ein allgemeiner Grundsatz zum Musizieren lautet:

»Jeder Denkvorgang zerstört den musikalischen Ablauf«!

d.h., der Erwachsene neigt dazu, bevor er zu Spielen beginnt, alles genau zu analysieren, Kinder und Jugendliche haben weniger Probleme, sie reagieren emotioneller und spontaner.
Natürlich ist das Denken auch erforderlich!

Kurz gesagt, Musizieren erfordert primär ***Spontaneität*** und ***Temperament!***

Kritische Betrachtungen

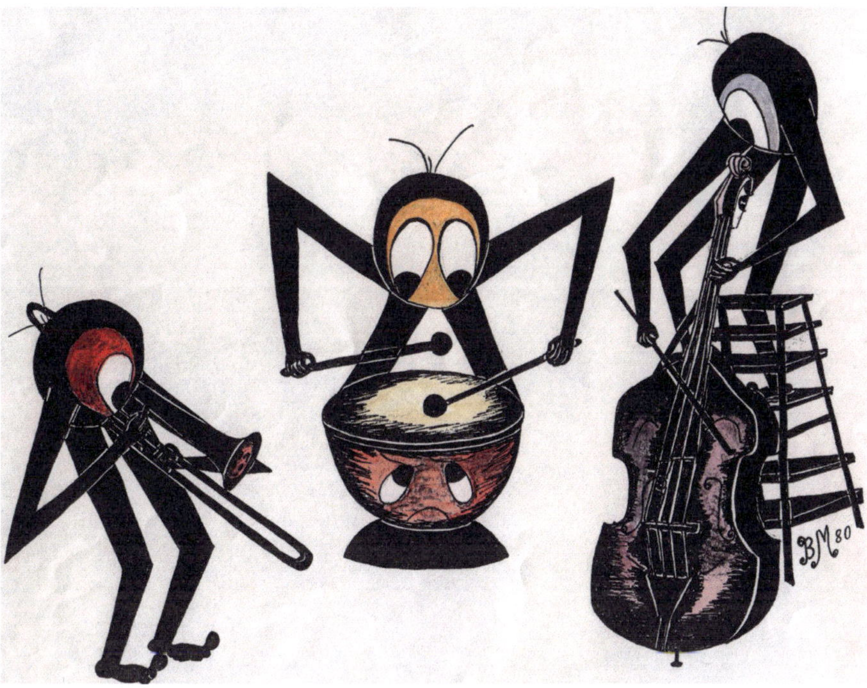

Die Pauke seufzt, ich armer Tropf,
wer schlägt mir ständig auf den Kopf?
Das geschieht dir recht, meint die Trompete,
du sagst zu mir, ich krähte,
aber, mach dir nichts daraus,
du hältst es noch ’ne Weile aus.
Der Kontrabass, er spricht in Ruhe,
hört auf mit dem Getue.

Durch das Schreiben meines Buches habe ich die Möglichkeit, meine Erlebnisse und Erfahrungen zu interpretieren. Ich bin herausgefordert, mich selbst in Bezug zu meiner eigenen Vergangenheit, Gegenwart und Zukunft zu verstehen und dies für mich selbst und andere sinnvoll darzustellen.

Für dieses Buch zeichne ich allein verantwortlich.

»Den Sprung ins kalte Wasser«, mit dem damaligen Neubeginn meines Musikstudiums, habe ich nicht bereut! Die »Fesseln« meiner eigenen Denkungsweise wurden gesprengt, im Verlauf meines Musikstudiums und meiner langjährigen Unterrichtspraxis als Musiklehrerin.

Meine Mentalität ist geprägt worden, hinsichtlich meines Empfindungsvermögens, meiner Denkart und meiner geistigen Haltung. Ich habe gelernt, vieles aus einem anderen Blickwinkel zu betrachten.

Dazu beigetragen haben die vielen Menschen, die mir im Laufe der Jahre begegnet sind, im positiven und auch negativen Sinne.

Ich war immer sehr engagiert, veranstaltete große Schülerkonzerte und auch im Instrumentalunterricht war ich immer bemüht, meine Zielvorstellung mit den Wünschen der Schüler in Einklang zu bringen, ein musikalisches Selbstbewusstsein bei meinen Schülern zu entwickeln und entsprechend den Fähigkeiten des Schülers, das Ausbildungstempo anzupassen, sowie ein Vertrauensverhältnis zwischen Lehrer und Schüler herzustellen. In den meisten Fällen ist mir das auch gelungen

Sympathie und Antipathie, sind seelische Vorgänge, die man nicht ausschalten, aber über den Verstand steuern kann. Im Instrumentalunterricht spielen sie eine wesentliche Rolle, da eine enge Zusammenarbeit zwischen Schüler und Lehrer besteht. Die »Chemie« muss stimmen! Leider ist das nicht immer der Fall. Jedoch habe ich mich stets bemüht, immer die Sache in den Vordergrund zu stellen.

Erziehung hat immer etwas mit Beziehung zu tun!

Mein Appell an alle Eltern, wenn es Schwierigkeiten innerhalb des Instrumentalunterrichtes gibt, wenn ihr Kind nicht die erforderlichen rhythmischen oder manuellen Fähigkeiten besitzt, wenn ihm der Lehrer nicht sympathisch ist, ist zu bemerken, dass Kinder die Unterrichtssituation, ihren Eltern gegenüber, aus ihrer Sicht emotionaler schildern, sie ihre Schwächen bewusst wahrnehmen, sie kompensieren müssen, indem sie zunächst dem Lehrer die Schuld zuweisen. In diesem Fall ist es ratsam, dem Lehrer Vertrauen entgegen zu bringen, seine fachliche Kompetenz nicht in Frage stellen und ein sachliches Gespräch bevorzugen, bevor sie einen Beschwerdebrief an die Musikschule schreiben; das hat wiederum zur Folge, dass er sich unnötig, gegenüber vorgesetzten Kollegen/innen, rechtfertigen muss und diese Beurteilungen auch nicht immer objektiv ausfallen; auch hier spielen Sympathie und Antipathie eine Rolle!

Sollten Sie aber die Absicht haben, im privaten Umfeld einen »Lehrer« zu suchen, ist äußerste Vorsicht geboten! Es ist ratsam zu hinterfragen, ob die betreffende Person ein examiniertes Musikstudium an einer Musikhochschule, in Form eines Abschlusszeugnisses, nachweisen kann. Andernfalls können durch ***»unqualifizierte Praktiken«*** enorme Schäden entstehen, die in den seltesten Fällen wieder »auszubügeln« sind. Gerade im Anfangsunterricht ist darauf zu achten, dass er von professionellen Musikpädagogen durchgeführt wird, nur so ist zu gewährleisten, dass das Selbstvertrauen in die eigene musikalische Äußerungsfähigkeit des Kindes entwickelt wird und die musikalischen Veranlagungen rechtzeitig erkannt und in die »richtigen Bahnen« gelenkt werden können.

Im Jahre 1984 wurde der folgende, von mir verfasste Artikel in der Februar/März-Ausgabe der Fachzeitschrift NMZ, (NEUE MUSIKZEITUNG) veröffentlicht:

Eine Musiklehrerin zum Unterricht

Es gibt immer wieder Leute, die sich anmaßen Musikunterricht zu erteilen, ohne eine künstlerische Laufbahn oder ein Staatsexamen an einer Musikhochschule nachweisen zu können. Diese Menschen handeln unverantwortlich den Kindern gegenüber. Die Schulung eines differenzierten Hörens, die Entwicklung des Empfindungsvermögens und das Interesse wecken für Musik, ist doch durch unqualifizierte Kräfte sehr in Frage gestellt.

Das größte Problem besteht meiner Meinung nach in den Gemeinden. Hier werden überwiegend Hausfrauen eingesetzt, die irgendwann einen Instrumentalunterricht besucht haben und glauben, Musikunterricht erteilen zu können. Mehrmals sagten mir Flötenschüler, die sich bei der Musikschule abgemeldet hatten, daß sie in ihrer Gemeinde weiter Flöte spielen würden, da dort der Unterricht kostenlos wäre oder nur ein geringer Betrag erhoben würde. Wenn das Erteilen von Musikunterricht die einfachste Sache der Welt wäre, wären unsere Musikhochschulen überflüssig und wir könnten sie schließen. Nicht nur die fachlichen Gründe sind so gravierend, sondern es geht auch um unseren Berufsstand und im weitesten Sinne um unsere Existenz. Dieser Personenkreis nimmt nicht nur der Musikschule die Schüler fort, sondern auch den examinierten Privat-Musiklehrern. Gerade in unserer heutigen Zeit, in der von Sparmaßnahmen die Rede ist und besonders auf kulturellem Gebiet alles auf wackeligen Füßen steht, ist es wichtig, solchen Unsitten, wie von mir hier angesprochen, ganz energisch entgegenzutreten. Leider kann man den Personenkreis nicht ermitteln, die unsachgemäßen Unterricht erteilen, auch ist ein rechtliches Vorgehen gegen diese Leute in unserer Gesetzgebung nicht verankert.

Es gibt nur eine Möglichkeit, über die Presse die Eltern, die ihren Kindern Musikunterricht ermöglichen, zu informieren und auf diese Dinge aufmerksam zu machen. Ein guter Musikunterricht sollte nicht von finanziellen Dingen abhängig gemacht werden.

Brigitte Manns
1. Vorsitzende des VDMK
Bezirksverband Wuppertal

In den Jahren 1977-1992, leitete ich ehrenamtlich als erste Vorsitzende den Bezirksverband des VDMK (Verband Deutscher Musikerzieher und konzertierender Künstler), später wieder umbenannt in DTKV (Deutscher Tonkünstlerverband). In diesen Verband werden nur professionelle Musikpädagogen aufgenommen, überwiegend Privatlehrer, die ein examiniertes Musikstudium an einer Musikhochschule, oder Musiker/Künstler, die eine konzertierende Tätigkeit nachweisen können.

Auf der Suche nach einem qualifizierten Instrumentallehrer, sind Sie immer auf der »sicheren Seite«, wenn Ihnen von diesem Fachverband oder von den Musikschulen Instrumentallehrer empfohlen werden!

Außerdem sollten Eltern versuchen, trotz manchmal erschwerter Lebensumstände, zu ihren Kindern ein Vertrauen aufzubauen, ihnen das Gefühl geben, immer mit allen Problemen zu ihnen kommen zu können, ihnen Perspektiven vermitteln, um ihre Freizeit sinnvoll zu gestalten, damit sie nicht in einen »Teufelskreis« geraten, in dem es immer zu wiederkehrenden randalierenden Exzessen kommen kann.

Die Musik kann hier einen wesentlichen Beitrag leisten, ganz gleich auf welche Art und Weise sie vermittelt wird, sei es durch die praktische Auseinandersetzung mit einem Instrument, durch audiovisuelle Wahrnehmung, mit dem Besuch von Konzerten oder mit Hilfe anderer Medien. (*sh. unter »Musiktherapeutische – Überlegungen«)*

Ebenso kann das Betrachten anderer künstlerischen Darbietungen, wie z.B. in den bildenden Künsten die Malerei etc., sich positiv auswirken. Ziel ist es, die geistigen und seelischen Kräfte, die Erlebnis- und Ausdrucksfähigkeit zu entwickeln, das soziale Verhalten gegenüber unseren Mitmenschen zu verbessern, da unsere Ideale in unserer heutigen »Ellenbogengesellschaft« mit ihrer materiellen Denkungsweise immer mehr verkümmern. Probleme, in dieser oder ähnlichen Art, gab es immer in allen Jahrhunderten, Generationen und Gesellschaftsschichten.

Friedrich Schiller (1758-1805) schrieb in einer Reihe von Briefen *»Über die ästhetische Erziehung des Menschen«*. Hier einige Zitate aus seinem »Achten und Sechsten Brief«:

> *»Nicht genug also, dass alle Aufklärung des Verstandes nur insofern Achtung verdient, als sie auf den Charakter zurückfließt; sie geht auch gewissermaßen von dem Charakter aus, weil der Weg zu dem Kopf durch das Herz muss geöffnet werden. Ausbildung des Empfindungsvermögens ist also das dringendere Bedürfnis der Zeit, nicht bloß weil sie ein Mittel wird, die verbesserte Einsicht für das Leben wirksam zu machen, sondern selbst darum, weil sie zu Verbesserung der Einsicht erweckt«*

In seinem »Sechsten Brief« schreibt er u.a.:

> *»Der abstrakte Denker hat gar oft ein kaltes Herz, weil er die Eindrücke zergliedert, die doch nur als ein Ganzes die Seele rühren; der Geschäftsmann hat gar oft ein enges Herz, weil seine Einbildungskraft, in den einförmigen Kreis seines Berufs eingeschlossen, sich zu fremder Vorstellungsart nicht erweitern kann«*

In den vielen Jahren meiner Unterrichtstätigkeit habe ich manchen Kampf gekämpft, Höhen und Tiefen durchlebt. Die Erfolge in den vielen Schülerkonzerten und Unterrichtsstunden, gaben mir immer wieder das Gefühl, auf dem richtigen Weg zu sein.

Leider gab es auch immer wieder negative Erfahrungen und Auseinandersetzungen mit Eltern, Schülern und Kollegen/innen. Aber jetzt habe ich mit diesem Buch eine »Waffe« in der Hand, ich kann mich wehren, sie gibt mir die Möglichkeit, mir alles von der »Seele« zu schreiben, Wut und Enttäuschungen zu verarbeiten, damit ich wieder »durchatmen« kann.

Unbequeme Wahrheiten dürfen nicht gesagt werden in unserer angeblich toleranten und modernen Gesellschaft. Trotzdem sollte man immer seiner inneren Stimme folgen. So geht man frohen Mutes den eigenen Lebensweg und verschwendet keine Zeit mit dem Versuch, so zu sein, wie andere es gerne hätten.

»Das Leben ist zu kostbar, um es mit Anpassung zu verschwenden«
(Sten Nadolny, deutscher Schriftsteller)

Vor einigen Jahren hatte ich die Absicht, mein Gesangsexamen nachzuholen, da ich die fachlichen Kenntnisse und die praktischen Erfahrungen durch ein langjähriges Gesangstudium, die Mitwirkung in öffentlichen Konzerten, sowie den Besuch der Opernschule besaß,.

Nach zwei Jahren Hospitation in der Musikhochschule Wuppertal, erfuhr ich zufällig durch ein maßgebendes Institut in Düsseldorf, dass ich als hauptamtliche Musiklehrerin, mit einem bestimmten Stundenkontingent, dies für mich nicht in Frage kam.

Der damalige Professor für Gesang kannte meine Absicht, er hielt es aber nicht für erforderlich, mich darüber zu informieren. Sein damaliges Verhalten mir gegenüber kann ich somit nicht als »professionell« bezeichnen. Die beiden Jahre waren vergebens. Um einen zweiten Versuch zu starten, war einfach die »Luft« raus.

Nun, zum weiteren Arbeitsverlauf innerhalb der Musikschule.

Um einen sicheren strukturellen Ablauf innerhalb einer Musikschule zu gewährlei-

sten, sollten Musiklehrer, die als Fachbereichsleiter eingesetzt werden, die fachliche Kompetenz vorausgesetzt, über Führungsqualitäten verfügen, die organisatorische Fähigkeiten und eine entsprechende psychologische Schulung voraussetzen.
Nur so kann ein reibungsloser Ablauf in der Organisation, die sehr vielseitig ist, und ein sensibler Umgang mit Kollegen/innen, gewährleistet werden.
Sicher ist die neue Situation, in mancherlei Hinsicht nicht einfach zu bewältigen, jedoch sollten vor allem **personelle** Probleme kollegial und humanitär gelöst werden und nicht mit Arroganz und Überheblichkeit.
Hierzu folgendes Zitat:

> ***»Wer sich zu groß fühlt, um kleine Aufgaben zu erfüllen, ist zu klein, um mit grossen Aufgaben betraut zu werden«***
> *(Jacques Tati (1908-1942). Französischer Schauspieler und Regisseur)*

Ein einziges Mal passierte mir, dass ich in einer bestimmten Situation überreagierte, sie wurde ausgelöst, durch das überhebliche Verhalten einer Kollegin mir gegenüber, sie hatte, vor nicht langer Zeit, einen Fachbereich übernommen. Ich wurde laut, platzte in ihren Unterricht, ein sehr unangenehmes Gespräch mit der Musikschulleitung folgte, im **Beisein der Kollegin**, sie bekam ihre Genugtuung, nach Verlassen des Raumes hörte ich Lachen!
Ob das die richtige Vorgehensweise für ein klärendes Gespräch war, bezweifle ich, so wurden meinerseits wieder erneute Aggressionen aufgebaut.

Daraus habe ich gelernt:

> ***»Wer lächelt statt zu toben, ist immer der Stärkere«***
> *(japan. Sprichwort)*
>
> oder
>
> *«chanta che ti passa" – singe, damit es vorbeigeht!*

Wenn ich ab und zu, innerhalb meiner Ausführungen, kurze und treffende Gedanken (Aphorismen) von Persönlichkeiten zitiere, betrachte ich diese als Bestätigung der Richtigkeit meiner Denkungsweise, die ich nicht besser formulieren kann!

Wie schon erwähnt, gründete ich 1991, im Rahmen der Berg. Musikschule, Wuppertal, das Musikensemble mit geistig Behinderten und Nichtbehinderten, die »***Regenbogenmusikanten***«.

Meine Absicht war, den Behinderten, durch das gemeinsame Musizieren, das Gefühl einer verbesserten Lebensqualität, Anerkennung und Selbstbestätigung zu vermitteln, ahnte jedoch nicht, mit welchen Schwierigkeiten ich mich auseineinsetzen musste, die mir Eltern von Behinderten, Menschen in verantwortungsvollen Positionen, innerhalb der Behindertenarbeit, bereiteten.

Nach unserem ersten erfolgreichen Konzert am11.6.92, in der »*Färberei*« in Wuppertal, welches auch von Eltern des Elternbeirates der »Lebenshilfe Cronenberg« besucht wurde, bedrängten diese Eltern in den darauf folgenden Wochen, Lothar und Udo, setzten sie bis zu ihrem Arbeitsplatz unter Druck, der damaligen Band der Lebenshilfe wieder beizutreten. Bevor Lothar und Udo zu uns kamen, waren sie schon lange aus der Band ausgetreten. Es war ihre eigene Entscheidung.

Der damalige Leiter der Lebenshilfe untersagte uns, in der »Lebenshilfe Cronenberg« zu spielen; Udo, mit einer geistigen Behinderung, konnte das nicht verstehen, da die Lebenshilfe sein »*zu Hause*« war, hier wo er wohnte und arbeitete. Er fragte ihn nach dem Grund, seine Antwort lautete:

»*…wenn du nichts für mich tust, tu ich auch nichts für dich*«

Nach vielen Jahren erst hatte sich seine Einstellung geändert und er kam zu einer viel zu späten Einsicht.

Wir probten regelmäßig einmal wöchentlich in der GB-Schule (Schule für geistig Behinderte) »Am Nordpark«, in Wuppertal. Der Förderverein dieser Schule stellte uns einen Bus zur Verfügung, der die Behinderten von ihrem zu Hause, zu den Proben, abholte.

Der überwiegende Teil der Ensemblemitglieder waren Schüler dieser Schule. Im Laufe der Jahre mussten die Schüler die Schule verlassen, da sie ein bestimmtes Alter erreicht hatten, um anschließend eine Arbeit in einer Behinderteneinrichtung aufzunehmen. Mittlerweile besuchten nur noch zwei Schüler diese Schule, so dass der Förderverein nicht mehr bereit war, den Fahrdienst weiter zu finanzieren. Für diese Situation hatte ich auch volles Verständnis, jedoch auf welche Art und Weise, die Behinderten und ich, von dieser Entscheidung erfuhren, war unverantwortlich und nicht nachzuvollziehen. Erst einen Tag vor unserer Probe bekamen wir per Post eine schriftliche Mitteilung. Die Aufregung, die die Behinderten zu verkraften hatten, sind nicht zu beschreiben.

Damit die Probe nicht ausfallen musste und auch um die Behinderten wieder zu beruhigen, holte ich Lothar und Udo mit meinem Wagen von Cronenberg ab, andere kamen mit öffentlichen Verkehrsmitteln, in Begleitung eines Elternteils. Das war absolut keine Dauerlösung!

Das allerschlimmste Erlebnis hatte ich mit der Mutter, die zum Vorstand des Fördervereins gehörte: eine Woche vorher, beim gemeinsamen Verlassen der Probe, sagte sie mir nicht, dass der Bus in der darauffolgenden Woche nicht mehr fahren würde. Eine solche Hinterhältigkeit hatte ich nicht erwartet, zumal sie und ihr Sohn, mit einer geistigen Behinderung und Down-Syndrom, in unserem Ensemble mitspielten. Von dieser Mutter musste ich mich aus verständlichen Gründen trennen, leider auch von ihrem Sohn, was ich sehr bedauerte, da er nicht ohne Begleitung zu den Proben kommen konnte.

Irgendwie arrangierten wir uns. Lothar und Udo kamen mit öffentlichen Verkehrsmitteln, sie waren eine Stunde unterwegs, auf Dauer gesehen, eine zu große Belastung; später nahmen Eltern, die in Cronenberg wohnten, Lothar und Udo mit ihrer behinderten Tochter, die ebenfalls zu unserem Ensemble gehörte, in ihrem Auto mit.

Meine fast einjährigen Bemühungen, bei allen zuständigen Ämtern der Stadt Wuppertal die Zusage einer Finanzierung für den Fahrdienst zu bekommen, erbrachten keine Lösung.

Erst durch die Fürsprache einer Frau, die einen sehr guten Kontakt zur ***Diakonie Wuppertal*** hatte, ehrenamtlich in der Lebenshilfe Cronenberg tätig war und somit auch Lothar und Udo, sowie noch einige andere Ensemblemitglieder kannte, bekamen wir die Zusage von der Diakonie, den Fahrdienst für die Behinderten zu übernehmen. In den darauffolgenden Jahren übernahm die ***Stadtmission*** den Fahrdienst. Die Benzinkosten wurden von der Bergischen Musikschule finanziert!

Auf diesem Wege möchte ich mich noch einmal ganz herzlich bei beiden Institutionen für ihren Einsatz bedanken, auch im Namen der Behinderten!

Ein weiteres erschreckendes Erlebnis mit einer Mutter und ihrem behinderten Sohn, darf nicht unerwähnt bleiben, beide kamen aus Cronenberg, der Sohn wurde von den Behinderten akzeptiert und in unserem Ensemble aufgenommen.
Sie war handwerklich sehr geschickt, half uns bei vielen technischen Problemen und beabsichtigte, sich auf diese Art und Weise für das Ensemble unentbehrlich zu machen, wie wir später feststellten. Wir konnten nicht ahnen, dass sie sich zu einer hinterhältigen Intrigantin entwickeln würde, sie traf Vereinbarungen mit Veranstaltern, die vorher nicht mit mir abgesprochen waren, manipulierte eine Situation während einer Veranstaltung und benutzte sie, die Behinderten gegen mich aufzuwiegeln.

Udo sprach nicht mehr mit mir, die Atmosphäre in den Proben war »vergiftet«, angespannt und unerträglich. Lothar aber, sein bester Freund, er war für ihn die Bezugsperson, fand heraus, mit welcher Absicht diese Mutter alles inszenierte, sie wollte mir »das Ruder »aus den Händen nehmen«.

Für uns alle unbegreiflich, sie spielte kein Instrument und war musikalisch völlig unbegabt. Nachdem die Situation geklärt war, glätteten sich die »Wogen«, Udo sprach wieder mit mir und wir waren uns alle einig, dass diese Frau, leider auch ihr Sohn, unser Ensemble verlassen mussten.

Hier hilft mir wieder ein Zitat:

> ***»Die gefährlichste Waffe sind die Menschen kleinen Kalibers«***
> *(Wieslaw Drudzinski)*

Welche niedrigen Beweggründe, dieser beiden Mütter zu ihrem Verhalten geführt haben, kann ich nicht nachvollziehen, vielleicht aus Neid oder Missgunst?
Sicher ist, die Leidtragenden waren die beiden behinderten Söhne! Ihnen wurde die Freude an einem gemeinsamen Musizieren und das Gefühl der Gemeinschaft genommen!

Musikschulen sind Institutionen für kulturelle Bildung, sie haben den öffentlichen Auftrag, eine gezielte Musikausbildung zu vermitteln, für alle soziale Schichten und Generationen, für Kinder, Jugendliche und Erwachsene, ***dazu gehören auch Menschen mit Behinderungen, die in das Musikschulleben integriert werden müssen!***

Eine Integration setzt eine Einbeziehung in den regulären Instrumentalunterricht voraus, um befähigt zu werden, in Spielkreisen mit Nichtbehinderten gemeinsam zu musizieren.

Das gemeinsame Musizieren bietet die Möglichkeit des gegenseitigen Kennenlernens und der Akzeptanz.

(sh. unter »Instrumentalspiel mit Behinderten/Nichtbehinderten«)

Für viele Menschen, die Freude an der Musik haben, ist das gemeinsame Musizieren in einem Spielkreis, einem Schulorchester oder einer Band für selbstverständlich und gehört zu den Freizeitaktivitäten.

Für Behinderte, die ebenso Freude an der Musik haben und musikalische Talente besitzen, ist das keine Selbstverständlichkeit. Um ihnen diese Freude ebenso vermitteln zu können, gilt es, Lehrer an Musikschulen zu erreichen, die bereit sind, Behinderte zu unterrichten. Dabei ist erschreckend festzustellen, dass viele Lehrer Berührungsängste vor einer Begegnung mit Behinderten haben, die sich als großes Hindernis erweisen, begründet durch Voreingenommenheit, Fehlinformationen und Ignoranz.

Während meiner zweijährigen berufsbegleitenden Zusatzausbildung *»Instrumentalunterricht mit Behinderten an Musikschulen«*, wurde uns von den Dozenten nahegelegt, Kollegen/innen anzusprechen, um die Behindertenarbeit, im Einzel- und Gruppenunterricht, transparenter darzustellen und um sie für diese Arbeit zu motivieren.

Im Oktober 1994 teilte ich dem damaligen Musikschulleiter meine Absicht mit, ein Referat mit den obengenannten Inhalten zu erarbeiten.

Nach einiger Zeit bekam ich eine telefonische Absage, mit der Begründung, dass die Musikschule sich augenblicklich in einer Umstrukturierung befinden würde und ein solches Referat z. Zt. nicht möglich wäre.

Ich habe mir die Frage gestellt, was ein *schulinternes Referat* mit der Umstruk-

turierung einer Musikschule zu tun hat, welches weder mit Kosten noch mit einer Verpflichtung verbunden war, da der normale Instrumentalunterricht weitergeführt wurde und auch Konferenzen stattfanden?!
Bis heute habe ich keine Antwort darauf gefunden!

Während dieser Zeit unterrichtete ich sieben Behinderte im Einzelunterricht:
1 Körperbehinderte (Klavier), 1 psychisch Kranke (Klavier), 3 Lernbehinderte (2 Klavier u. 1 Blockflöte), 2 geistig Behinderte (Blockflöten), außerdem leitete ich das Musikensemble mit geistig Behinderten und Nichtbehinderten, die »***Regenbogenmusikanten***«.

Die Bereitschaft, Behinderten Musikunterricht zu erteilen, ist zunächst eine Frage der inneren Einstellung und einer qualifizierten Methodik, die nur durch eine dementsprechende Zusatzausbildung zu erreichen ist.
Berührungsängste können nur überwunden werden, wenn man die Begegnung mit Behinderten sucht und sich mit der Thematik auseinandersetzt.
Die Vielfalt der Musik und das Anderssein von Menschen, sind eine Bereicherung unserer Gesellschaft!

> *»Behinderte Menschen wollen und dürfen nicht nach ihren Defiziten gemessen werden, sondern nach ihren Fähigkeiten!«*
> (aus einem Radio-Interview)

Gibt es jemanden, der festgestellt hat, was »***normal***« ist oder nicht?
In das Musikensemble die »*Regenbogenmusikanten*« habe ich mein ganzes »*Herzblut*« investiert und versuchte, eine Integration und die Überwindung von Grenzen zu schaffen!

Den Kollegen/innen war die Möglichkeit geschaffen, durch den Besuch unserer Konzerte oder Proben, Berührungsängste und Vorurteile gegenüber Behinderten, abzubauen und ein Verständnis zu entwickeln und mich eventuell in meiner Arbeit zu unterstützen. *Diese Gelegenheit wurde nicht wahrgenommen!*

Zur musikalischen Unterstützung benötigten wir dringend einen Keyboarder, alles habe ich Versucht, Kollegen persönlich aufgesucht, in Zeitungsanzeigen auf unser Problem aufmerksam gemacht, Plakate hergestellt, u.v.m., alles in eigener Initiative, von den Kosten ganz zu schweigen.

Alle Bemühungen waren vergebens.

Ich denke, wo ein Wille ist, ist auch ein Weg!

Dass eine Zusammenarbeit mit anderen Musikgruppen möglich ist, zeigte der Veranstaltungskalender »TAKTuell« der Bergischen Musikschule, von April 2002, mit folgendem Text:

> *»Ihr müsst auf Freundschaft bau´n, den Weg gemeinsam geh´n,*
> *auf eure Kraft vertrau´n und zueinander steh´n.«*
> (aus der Kinderoper »Brundibar«)

Beabsichtig war ein Gemeinschaftsprojekt, auf Freundschaft und gute Zusammenarbeit aufbauend.

Eine solche Zusammenarbeit hätte ich mir auch gewünscht, aber ich glaube, dass bei den meisten Kollegen/innen eine Intoleranz gegenüber Behinderten besteht und sie eine Begegnung nach Möglichkeit vermeiden, aber:

> *»Verantwortlich ist man nicht nur für das was man tut,*
> *sondern auch für das was man nicht tut«*
> *(Laotse, chinesischer Philosoph)*

Behinderten gegenüber, tragen wir alle eine soziale Verantwortung, da sie ein Teil unserer Gesellschaft sind!

Hans-Joachim Prassel, Vertrauensperson der Schwerbehinderten beim Hessischen Rundfunk, sagt:

> *»Nicht behindert zu sein, ist ein Geschenk,*
> *das einem jederzeit genommen werden kann«*

Diese Tatsache ist uns schon bewusst, aber wir wollen sie nicht wahrhaben und verdrängen sie!

Es reicht nicht aus, dass Bezinkosten für den Fahrdienst finanziert werden, sondern Behinderte benötigen eine persönliche Zuwendung, insbesondere von der Musikschulleitung und anderen Kollegen/innen, die ihnen das Gefühl der Anerkennung, der Zugehörigkeit und Gleichberechtigung gibt.

Im folgenden Brief von Lothar Stein, Schlagzeuger in unserem Ensemble, kommt das sehr deutlich zum Ausdruck:

Brief an den Musikschulleiter – die Anrede habe ich gelöscht.

Die Regenbogenmusikanten gibt es nun schon11Jahre und sie waren nicht einmal bei uns.
Sind wir ihnen so egal das kann einfach nicht sein weil wir gehören doch auch zur Musikschule oder?
Ich selber habe sogar bei Herrn Oppel Schlagzeug Unterricht bekommen.
Und jetzt merke ich, dass bei dem Unterrichtsangebot wir fehlen, obwohl sie ganz genau wießen das wir **Dringend** hilfe brauchen.
Aus diesen grund schreibe ich ihnen auch wenn es ihnen nicht gefelt.
ich hoffe das sie ihr verhalten **Endern** und auch mal zu uns kommen denn wir Behinderten brauchen **hilfe.**
Außerdem ist unser Ensemble für Behinderte und Nichtbehinderte.
Darauf solten sie Arbeiten und was haben sie bis her gemacht genau das gegenteil und des halb Bitte ich sie nochmals kommen sie zu uns damit auch wir die gleiche möglichkeit haben. Danke!!!

Hochachtungsvoll.

Stein

Dieser Brief eines Behinderten an den Musikschulleiter, wurde nicht beantwortet!

Das Verhalten lässt auf einen Mangel an Empfindungen Behinderten gegenüber schließen, wie, allgemein betrachtet, Gefühlsbehinderung der ***»Krebs«*** unserer Seele ist!

Die Orthographie dieses Briefes ist hier nicht ausschlaggebend, aber Lothar konnte nach seinen Möglichkeiten, sogar mit Hilfe seines Computers, seine Gefuhle und Gedanken zum Ausdruck bringen.

Die Nichtbeantwortung dieses Schreibens gab den Anlass, mich mit dem Musikensemble 2003 von der Musikschule zu trennen, mit Einverständnis der Behinderten und einiger Eltern.

Nach vorheriger Absprache mit dem Leiter der »Lebenshilfe Cronenberg«, er hatte inzwischen seine Einstellung uns gegenüber geändert, probten wir weiter in den Räumen der Lebenshilfe. Nun waren wir vollkommen auf uns alleine gestellt, die Situation bedeutete für uns aber keine große Veränderung!

Der Inhalt des Briefes von Lothar, war eine Zusammenfassung verschiedener Probleme, die ich versuchte zu lösen.

Auf welche Art und Weise der Probenbesuch des Musikschulleiters später doch noch realisiert wurde, möchte ich, in seinem Interesse, nicht weiter erörtern.

Im Jahre 2000 trat ich in den Vorruhestand und die von mir besetzte Planstelle wurde nach meinem Ausscheiden ersatzlos gestrichen.

Von dieser Situation ausgehend, wurde mir von der Stadtverwaltung/Musikschule der Vorschlag unterbreitet, im Falle einer Aufgabe meiner musikalischen Leitung des Ensembles, eine Lehrkraft der Bergischen Musikschule für die Nachfolge einzusetzen.

Die Leitung eines Musikensembles mit ***geistig Behinderten***, kann nicht einfach ***ausgetausch***t werden, wie eine »Schachfigur« auf einem Schachbrett!

Hier sind bestimmte Kriterien zu beachten, trotz der begrenzten personellen und finanziellen Ressourcen, die der Musikschule zur Verfügung stehen.

Der eventuell nachfolgenden Leitung muss die Gelegenheit gegeben werden, durch den Besuch von Proben, zu den Behinderten ein Vertrauen aufzubauen und um das bisher erarbeitete Musikprogramm kennenzulernen, unter Einbeziehung der Erfahrungen des bisherigen Leiters.

Ganz gleich, ob es sich um die Lösung organisatorischer oder fachlicher Probleme innerhalb der Behindertenarbeit handelt, muss der ***Denkansatz*** immer von der Situation der Behinderten ausgehen, andernfalls sind alle Vorhaben erfolglos.

Mit geistig Behinderten können keine Diskussionen geführt werden, aufgrund ihrer Erkrankung, aber sie haben ein ausgeprägtes Empfindungsvermögen und bringen emotional ihre Meinung zum Ausdruck, ob sie mit einer neuen Situation einverstanden sind oder nicht.

Wenn ihre Entscheidung nicht akzeptiert wird, kann der »Schuss« nach hinten losgehen, um es salopp zu formulieren.

Weitere Grundsatzdiskussionen mit der Musikschule zu führen, wären vergebens gewesen, so entschloss ich mich, das Ensemble so lange ehrenamtlich weiterzuführen, wie es meine Kräfte zuließen.

Im Jahre 2006 musste ich dann leider die die Entscheidung treffen, das Ensemble aus gesundheitlichen Gründen aufzulösen, aber auch, weil es mir trotz vieler Bemühungen nicht gelungen war, einen professionellen Nachfolger/in zu finden.

Ich betrachte es als meine Pflicht und bin der festen Überzeugung, die von mir dargestellten prekären Ereignisse innerhalb der Behindertenarbeit, der Öffentlichkeit mitzuteilen, andernfalls wäre es ein »*Verrat*« den Behinderten gegenüber und ich möchte noch in den »Spiegel« sehen können!

In ca. 30 Jahren, habe ich die Bergische Musikschule Wuppertal, mit einer wertvollen künstlerischen, pädagogischen und damit zugleich gesellschafts- und sozialpolitischen Arbeit mit behinderten Menschen, in der Öffentlichkeit vertreten und kann somit auf eine erfolgreiche Unterrichtstätigkeit mit großem Engagement zurückblicken!

Am Ende des Regenbogens

(Red.) Seit 1991 leitete Brigitte Manns das Ensemble der Regenbogenmusikanten, in dem Jugendliche und Erwachsenen mit verschiedenen Behinderungen zusammen Musik machen. Nun hört sie auf und das bedeutet das vorläufige Ende des Ensembles. Das hatte sich 2003 von der Bergischen Musikschule getrennt, an der Manns 30 Jahre lang Musiklehrerin war. Die 64-jährige bedauert, sie habe keinen Nachfolger für das Ensemble gefunden. »Behinderte sind ebenso musikalisch wie Nichtbehinderte.

Da wo die Sprache nicht ausreicht, hilft die Musik, sich anderen Menschen mitzuteilen, sagt Manns

(WZ, 01.12.2009)

Resonanzen

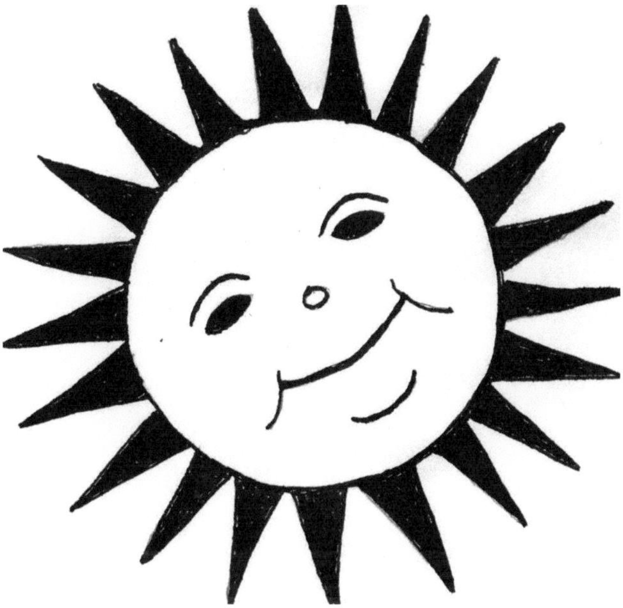

Ein Mensch fühlt oft sich
wie verwandelt,
sobald man menschlich
ihn behandelt
(Eugen Roth)

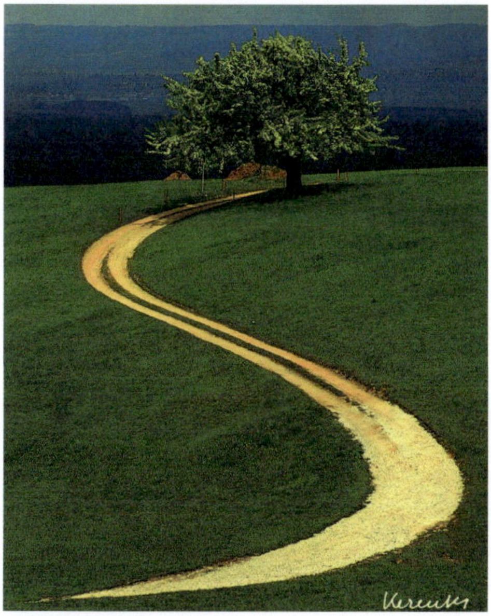

Wuppertal, 27.09.84

Liebe Frau Manns,
heute kommt Marc nach mehr als 10 Unterrichtsjahren zum letzten Mal zu Ihnen. Er hat bei Ihnen viel gelernt Seine Freude an der Musik ist immer mehr gewachsen.
Wir danken Ihnen herzlich für die große Mühe, die Sie sich mit unseren Kindern gemacht haben.
Der Erfolg wurde sichtbar in den vielen kleinen Konzerten, wo die Schüler versuchten, ihr Bestes zu geben und was ihnen viel Spaß machte.
Ihnen noch eine gute Zukunft und viele Grüße
Hubert und Anneliese Baggen
(Abschrift)

Marc begleitete den Chor am Flügel weiterhin in den Schülerkonzerten bis zu seinem Abitur!

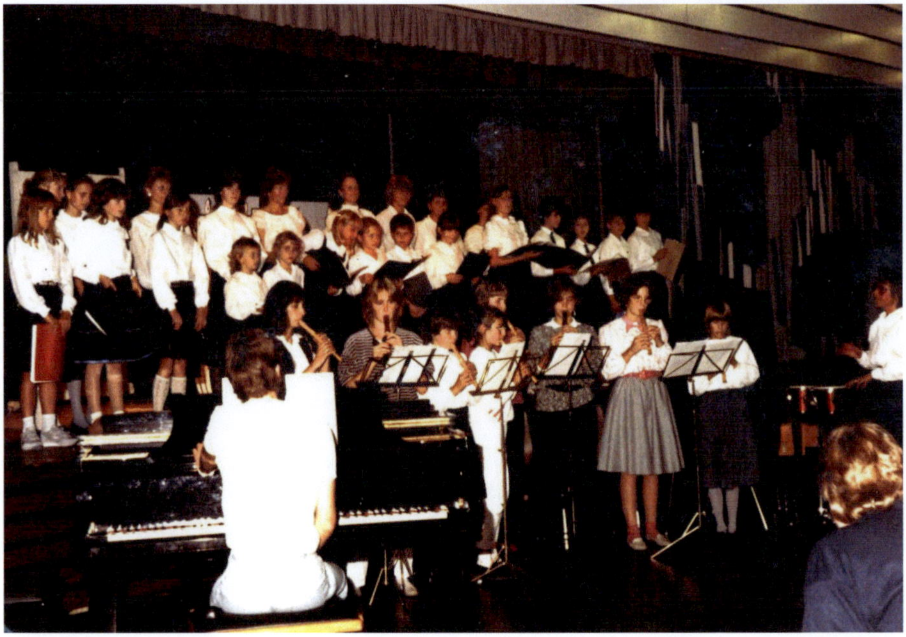

Schülerkonzert am 26.09.1985
Gymnasium »Am Kothen«
Unter dem Titel:
»Auf einem persischen Markt«
Kinder- und Erwachsenen-Chor
Blockflötengruppe
Marc Baggen, 19 Jahre alt, am Flügel

Liebe Frau Manns,

... und liebevoll sind sicher ebenso Ihr pädagogisches Fingerspitzengefühl und der unverwechselbare Humor ...!
Lange hat unser Kind in wechselseitiger Freude Musik »lernen und lieben gelernt« – »zwischen den Noten« gab es so manchen Scherz aber auch so vielseitige und interessante Gespräche....
Wir wünschen Ihnen die Kraft, dass noch viele andere kleine Menschen durch Sie ein Stück Begleitung erfahren können – danke für ein Stück Weg!
Mit lieben Grüßen Margreth, Markus und Karlheinz Meyer

... sowie ein entspanntes, frohes Weihnachtsfest – abseits aller belastenden Gedanken und Beziehungen –
das wünschen Ihnen alle Meyers ...!
Für das neue Jahr viel Kraft und Mut für Ihr »kreatives Mensch- und Lehrer-Dasein« – Sie haben es bisher so überzeugend gelebt!
Herzliche Grüße
(und für dunkle Stunden ein »kleines Licht«)
Margreth und Karlheinz Meyer
ebenso natürlich Markus

30.03.2000
Liebe Frau Manns,
wir möchten uns auf diesem Wege noch einmal für die Mühe, Geduld und gute Laune bedanken, die Sie Hendrik in den 2 Jahren entgegengebracht haben.
Hendrik hat in diesen 2 Flötenjahren eine Menge gelernt und auch viel Spaß an und mit der Musik gehabt.
Ihnen wünschen wir auch alles Gute und vor allem Gesundheit.
Fam. Badenberg

(Abschriften)

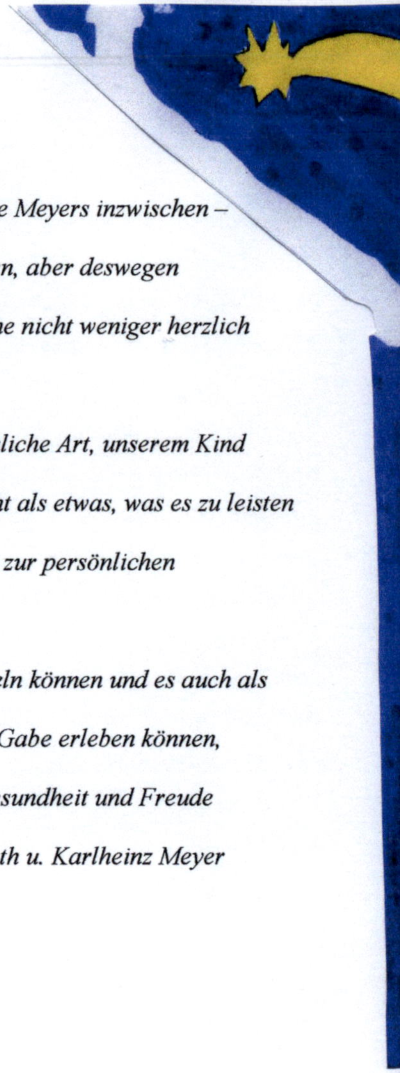

Liebe Frau Manns,

ein bisschen kennen Sie ja die Meyers inzwischen –

wir sind zwar oft die späteren, aber deswegen

sollen die Weihnachtswünsche nicht weniger herzlich

sein......!

Danke für Ihre liebe, menschliche Art, unserem Kind

Musik näherzubringen – nicht als etwas, was es zu leisten

gilt, sondern als Möglichkeit zur persönlichen

Bereicherung.

Daß Sie es weiter so vermitteln können und es auch als

Ihre besondere, persönliche Gabe erleben können,

dazu wünschen wir Ihnen Gesundheit und Freude

Margreth u. Karlheinz Meyer

(Abschrift)

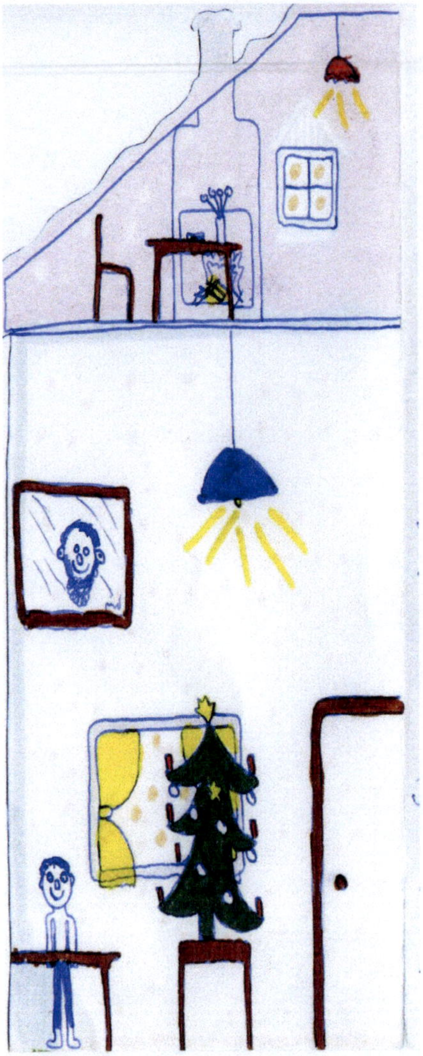

gemalt von Markus Meyer

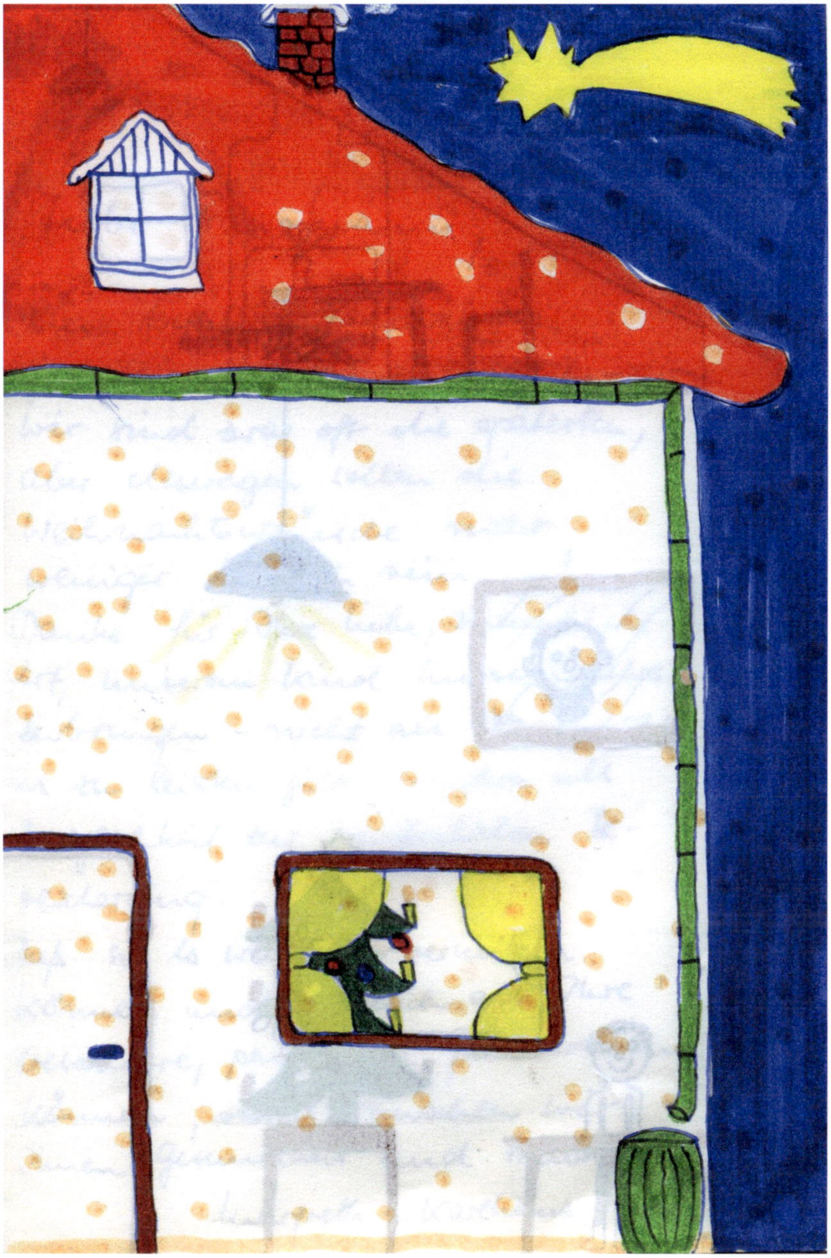

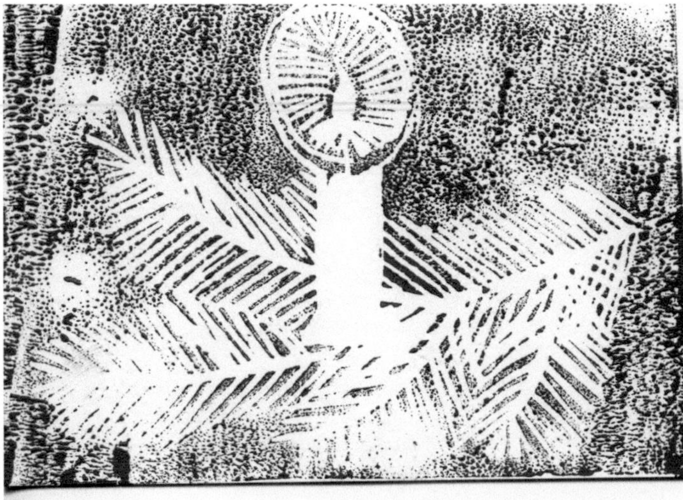

Liebe Frau Manns!

Mit meiner Batik möchte ich
Ihnen danken für alle Mühe, die
Sie sich mit mir gemacht haben.
Ich lerne sehr gerne bei Ihnen.
Ein gesegnetes Weihnachtsfest und ein
glückliches Jahr 1985 wünscht
Ihnen Ihr

Joschi Fracht

Wuppertal, 7.4.2000

Liebe Frau Manns,

leider geht heute die Ära Manns in der Musikschule zu Ende.
Trotzdem hoffen wir, dass Sie uns für die musikalische Beratung noch einige Zeit erhalten bleiben.
Meine Töchter Diana und Elena waren froh und glücklich, bei Ihnen Klavierunterricht zu haben. Durch Ihre pädagogische Begabung konnten Sie sie motivieren und an das Instrument bzw. an die Musik heranführen.
Auch wurde beim Unterricht gelacht – das ist wichtig!
Für junge Menschen – also bei Diana und Elena zeigten Sie viel Verständnis und Geduld, auch wenn die beiden Schüler immer sich einmal nicht so vorbereiteten, wie Sie es sich erwünscht hatten. Kurz gesagt, beiden Mädchen, insbesondere Elena, in der letzten Phase, gefiel der Unterricht sehr, basierend auf Ihrer fachlichen Kompetenz!
Liebe Frau Manns, für die eventuell etwas geruhsamerer Zukunft, wünschen wir Ihnen weiterhin frohes Schaffen, viel Engagement wie bisher, neue Perspektiven als Buchautorin etc.- und natürlich weiterhin eine gute Gesundheit
Wir bedanken uns auf diesem Wege sehr herzlich und freuen uns, zukünftig von Ihnen zu hören.
Mit den besten Wünschen für Sie!
Ihre Posth – family: Diana, Elena und Rena Posth – Faust.

Diana und Elena Posth waren die Klavierschülerinnen, die ich seit 1994 unterrichtete und deren Großvater der Landesjugendpfarrer war, der mir 1958, während der Preisverleihungen in den Zoo-Gaststätten, für den stattgefundenen Musikwettbewerb der 8. Wuppertaler Jugendwoche, den 1. Preis überreichte.

(sh. Jugend)

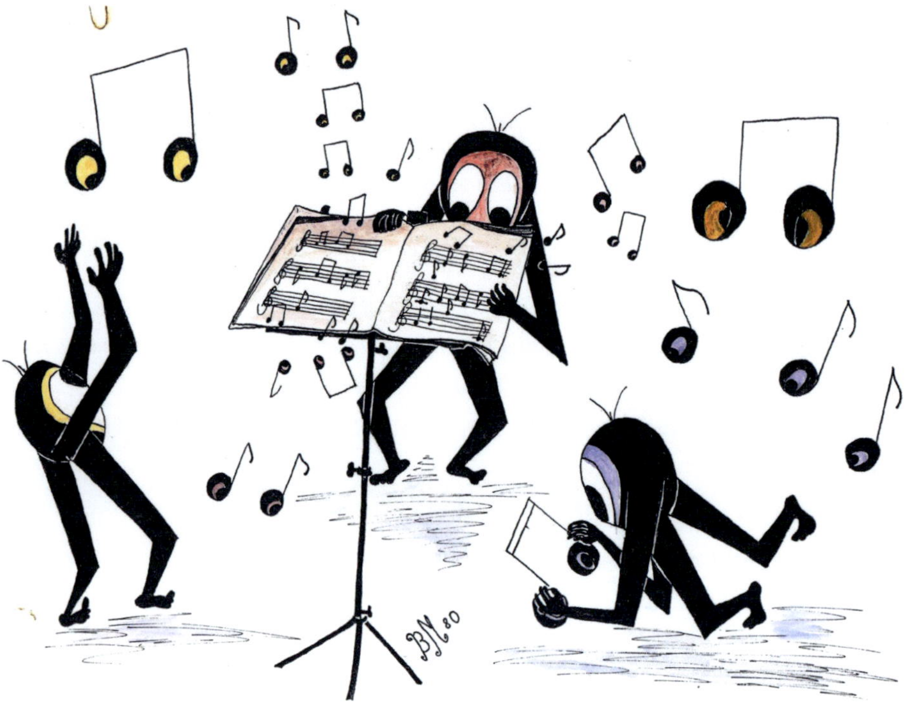